INCESTUALIDADE
Um *páthos* familiar

COLEÇÃO "CLÍNICA PSICANALÍTICA"
Títulos publicados

1. Perversão	Flávio Carvalho Ferraz
2. Psicossomática	Rubens Marcelo Volich
3. Emergências Psiquiátricas	Alexandra Sterian
4. Borderline	Mauro Hegenberg
5. Depressão	Daniel Delouya
6. Paranoia	Renata Udler Cromberg
7. Psicopatia	Sidney Kiyoshi Shine
8. Problemáticas da Identidade Sexual	José Carlos Garcia
9. Anomia	Marilucia Melo Meireles
10. Distúrbios do Sono	Nayra Cesaro Penha Ganhito
11. Neurose Traumática	Myriam Uchitel
12. Autismo	Ana Elizabeth Cavalcanti
	Paulina Schmidtbauer Rocha
13. Esquizofrenia	Alexandra Sterian
14. Morte	Maria Elisa Pessoa Labaki
15. Cena Incestuosa	Renata Udler Cromberg
16. Fobia	Aline Camargo Gurfinkel
17. Estresse	Maria Auxiliadora de A. C. Arantes
	Maria José Femenias Vieira
18. Normopatia	Flávio Carvalho Ferraz
19. Hipocondria	Rubens Marcelo Volich
20. Epistemopatia	Daniel Delouya
21. Tatuagem e Marcas Corporais	Ana Costa
22. Corpo	Maria Helena Fernandes
23. Adoção	Gina Khafif Levinzon
24. Transtornos da Excreção	Marcia Porto Ferreira
25. Psicoterapia Breve	Mauro Hegenberg
26. Infertilidade e Reprodução Assistida	Marina Ribeiro
27. Histeria	Silvia Leonor Alonso
	Mario Pablo Fuks
28. Ressentimento	Maria Rita Kehl
29. Demências	Delia Catullo Goldfarb
30. Violência	Maria Laurinda Ribeiro de Souza
31. Disfunções Sexuais	Cassandra Pereira França
32. Tempo e Ato na Perversão	Flávio Carvalho Ferraz
33. Transtornos Alimentares	Maria Helena Fernandes
34. Psicoterapia de Casal	Purificacion Barcia Gomes e
	Ieda Porchat

35. Consultas Terapêuticas	Maria Ivone Accioly Lins
36. Neurose Obsessiva	Rubia Delorenzo
37. Adolescência	Tiago Corbisier Matheus
38. Complexo de Édipo	Nora B. Susmanscky de Miguelez
39. Trama do Olhar	Edilene Freire de Queiroz
40. Desafios para a Técnica Psicanalítica	José Carlos Garcia
41. Linguagens e Pensamento	Nelson da Silva Junior
42. Término de Análise	Yeda Alcide Saigh
43. Problemas de Linguagem	Maria Laura Wey Märtz
44. Desamparo	Lucianne Sant'Anna de Menezes
45. Transexualismo	Paulo Roberto Ceccarelli
46. Narcisismo e Vínculos	Lucía Barbero Fuks
47. Psicanálise da Família	Belinda Mandelbaum
48. Clínica do Trabalho	Soraya Rodrigues Martins
49. Transtornos de Pânico	Luciana Oliveira dos Santos
50. Escritos Metapsicológicos e Clínicos	Ana Maria Sigal
51. Famílias Monoparentais	Lisette Weissmann
52. Neurose e Não Neurose	Marion Minerbo
53. Amor e Fidelidade	Gisela Haddad
54. Acontecimento e Linguagem	Alcimar Alves de Souza Lima
55. Imitação	Paulo de Carvalho Ribeiro
56. O tempo, a escuta, o feminino	Silvia Leonor Alonso
57. Crise Pseudoepiléptica	Berta Hoffmann Azevedo
58. Violência e Masculinidade	Susana Muszkat
59. Entrevistas Preliminares em Psicanálise	Fernando José Barbosa Rocha
60. Ensaios Psicanalíticos	Flávio Carvalho Ferraz
61. Adicções	Decio Gurfinkel
62. Incestualidade	Sonia Thorstensen
63. Saúde do Trabalhador	Carla Júlia Segre Faiman
64. Transferência e Contratransferência	Marion Minerbo
65. Idealcoolismo	Antonio Alves Xavier
	Emir Tomazelli

Coleção Clínica Psicanalítica
Dirigida por Flávio Carvalho Ferraz

INCESTUALIDADE
Um *páthos* familiar

Sonia Thorstensen

© 2012 Casapsi Livraria e Editora Ltda.
É proibida a reprodução total ou parcial desta publicação, para qualquer finalidade,
sem autorização por escrito dos editores.

1ª Edição *2012*
Diretor Geral *Ingo Bernd Güntert*
Publisher *Marcio Coelho*
Coordenadora Editorial *Luciana Vaz Cameira*
Diagramação *Carla Vogel*
Revisão *Rhamyra Toledo*
Projeto Gráfico da Capa *Yvoty Macambira*

Dados Internacionais de Catalogação na Publicação (CIP)
Angélica Ilacqua CRB-8/7057

Thorstensen, Sonia
   Incestualidade : um páthos familiar / Sonia Thorstensen. -
São Paulo : Casa do Psicólogo, 2012. - (Coleção clínica
psicanalítica / dirigido por Flávio Carvalho Ferraz).

ISBN 978-85-8040-023-6

1. Incesto 2. Psicanálise I. Título II. Ferraz, Flávio Carvalho
III. Série

12-0105   CDD 150.195

Índices para catálogo sistemático:
1. Incesto 2. Incesto : Psicanálise

Impresso no Brasil
Printed in Brazil

*As opiniões expressas neste livro, bem como seu conteúdo, são de responsabilidade de seus autores,
não necessariamente correspondendo ao ponto de vista da editora.*

Reservados todos os direitos de publicação em língua portuguesa à

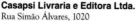

Casapsi Livraria e Editora Ltda.
Rua Simão Álvares, 1020
Pinheiros • CEP 05417-020
São Paulo/SP - Brasil
Tel. Fax: (11) 3034-3600
www.casadopsicologo.com.br

*Para nossas filhas,
Paula e Mariana,
Paula e Ana.*

Um agradecimento especial ao Prof. Dr. Manoel Tosta Berlinck, meu orientador de mestrado na Pontifícia Universidade Católica de São Paulo (PUC-SP), cuja dissertação deu origem a este livro.

Sumário

Introdução 15
   Definição dos termos 21
   Plano do livro 26

1 - Uma família em busca de amor 29
   Um colchonete para o pai 31
   Juraci e seu amor por Antônio 33
   Famílias de origem 37
   Nino e a interdição 39
   Juraci e os lutos 44
   O sintoma de Antônio e a cadeia incestual familiar 45

2 - Incestualidade enquanto *páthos* familiar 55
   Incestualidade e função do pai 56
   Incestualidade e o desejo da mulher: a boca do crocodilo 80
   A mãe e a experiência da gestação 88
   A inscrição erógena 103
   A transmissão psíquica entre gerações 109
   Incestualidade enquanto *páthos* familiar 113

3 - A ABERTURA PARA AS ESCOLHAS EXOGÂMICAS 123
    Freud e a abertura para as escolhas exogâmicas 125
    Lutos ou melancolia 129
    Troca-se de amor, mas não se vive sem ele 135
    O narcisismo dos pais 140
    O superego 142

CONSIDERAÇÕES FINAIS 147

REFERÊNCIAS BIBLIOGRÁFICAS 153

Teus filhos não são teus filhos.
São os filhos e as filhas da ânsia da Vida por si mesma.
Khalil Gibran, O profeta, (p. 15)

Introdução

Este livro teve origem como uma dissertação de mestrado[1], e se dirige aos que se interessam pela reflexão psicanalítica sobre a família ou que se dedicam ao seu atendimento clínico. Nele será apresentado o tema da incestualidade, definido logo adiante e discutido por meio de um caso clínico. Desta forma, poderemos colocar em evidência a circulação da incestualidade, não só enquanto experiência individual, mas também enquanto fenômeno intersubjetivo, intergeracional e inerente à família.

Estamo-nos propondo, portanto, a refletir sobre o fenômeno da incestualidade, concebido como dimensão primitiva e regressiva da sexualidade e sustentado pela ilusão de completude. Constatamos que, dependendo do modo como a incestualidade circula nos inter-relacionamentos familiares, pode haver um comprometimento da progressão dos filhos na direção das escolhas exogâmicas. Nesse sentido, incestualidade e escolhas exogâmicas são aqui consideradas noções interdependentes e complementares.

---

[1] Com o título *Incestualidade: um páthos familiar*, defendida, em 2011, na Pontifícia Universidade Católica de São Paulo (PUC-SP), Departamento de Psicologia Clínica, Laboratório de Psicopatologia Fundamental.

Estas reflexões têm como ponto de partida casos clínicos de famílias, no atendimento das quais a palavra "incestualidade" é suscitada. Esta palavra é aqui usada no lugar de outras, como "simbiose", "aglomeração", "fusão" e "indiferenciação", termos frequentes na literatura sobre terapia de família, mas que excluem a sexualidade que, no entanto, é o que dá origem e sustentação aos vínculos familiares. Incluir a problemática sexual-incestual nas reflexões sobre a família torna mais compreensíveis as intensidades afetivas envolvidas em seus inter-relacionamentos.

O estudo e a reflexão sobre a clínica psicanalítica de casal e família sempre foi um dos focos principais de meu interesse profissional, especialmente no que se refere às diferentes formas pelas quais cada família dá sustentação ao entrelaçamento das diversas tramas edípicas que, de modo simultâneo, nela se desenvolvem e se desenrolam. Sabemos que a família, independentemente de como é constituída, deverá construir maneiras de encaminhar fatos existenciais fundamentais, tais como a interdição do incesto, as diferenças anatômicas entre os sexos e as diferenças geracionais que caracterizam o humano.

A Psicanálise chamou o encaminhamento desses processos de "resolução edípica", e Freud (1916/1917) lhe conferiu *status* central no estabelecimento da saúde mental e na sua manutenção: "o complexo de Édipo deve justamente ser visto como o núcleo das neuroses" (p. 337). Lacan (1938), em sua obra inicial sobre os complexos familiares, afirma: "Freud considera que este elemento psicológico [o complexo de Édipo] constitui a forma específica da família humana e lhe subordina todas as variações sociais da família" (p. 86).

O tema incestualidade não surgira, com esse nome, nas reflexões anteriores. Famílias nas quais os sinais de sofrimento nos filhos, de qualquer idade, são percebidos na escuta como originados dos conflitos intra ou interpsíquicos dos pais, e nas quais os filhos aparecem como anteparo ou como solução, são muito frequentes na clínica. Costuma-se mesmo dizer que, muitas vezes, o sintoma da criança é efeito da relação conflituosa entre os pais.

O que se pretende circunscrever aqui, no entanto, é um fenômeno psíquico específico, caracterizado pelo fato de que, em certas famílias, as fronteiras entre alguns, ou mesmo entre todos seus membros, aparecem como tênues e facilmente transpostas. Há uma espécie de deslizamento sem obstáculos de um ser para outro, uma indiferenciação psíquica entre eles. As diferenças anatômicas entre os sexos são desenfatizadas, as diferenças entre as gerações são diluídas e, em decorrência, as funções na família não são claramente demarcadas. Como mencionado acima, costuma-se chamar essas famílias, alternadamente, de "simbióticas", "aglomeradas", "fusionadas", "indiferenciadas", entre outros nomes que denotam um embaralhamento entre os seres, uma falta de nitidez de seus contornos.

Mas não se trata só disso. Desse embaralhamento de corpos e funções transpira *algo*, difícil de ser expresso em palavras, de ser representado, mas que, nem por isso, é menos presente. Trata-se de *algo* que passa pela percepção e pela escuta, afetando o analista. Como dar corpo e forma a essa percepção que o afeta? Que palavra usar? Foi assim que surgiu a palavra "incestualidade", emprestada de Racamier (1995), como veremos a seguir, e aqui utilizada para se referir a uma das maneiras pelas quais a sexualidade circula na família.

Em princípio, nada surpreendente, pois, desde Freud, sabemos que o inconsciente humano é sexual e que em torno do desejo incestuoso e da interdição de sua passagem ao ato organiza-se a família. A incestualidade, portanto, permeia a família e, em seus aspectos vitais e necessários, é responsável pela constituição psíquica das novas gerações. Mas pode também ser aprisionadora e converter-se em obstáculo ao seu desenvolvimento, em empobrecimento e desorientação.

Poder-se-ia também dizer que o acompanhamento das famílias das quais estamos falando remete-nos ao que Freud (1919) chamou de *o estranho*, aquilo que nos é ao mesmo tempo familiar e inquietante. Para ele, trata-se do que é "secretamente familiar", provavelmente de origem infantil, mas que foi reprimido e que retorna reavivado por alguma impressão do momento (p. 249). Nada mais próximo da noção de *Unheimlich* freudiana do que presenciar manifestações da incestualidade aprisionadora circulando nas famílias em atendimento.

A incestualidade é aqui tratada como uma dimensão da sexualidade, como um fenômeno inerente à natureza humana e à família. Dar-lhe destaque enquanto fenômeno clínico, que é tanto constitutivo e constituinte do humano como psicopatológico, algo, portanto, de que o humano sofre, tornou-se um objetivo desta reflexão.

Por meio dela vamos tentar responder às seguintes questões: quais são os modos de operar do fenômeno incestual? Dever-se-ia nomear diferencialmente as formas vitais e constitutivas da incestualidade e suas formas aprisionadoras? Como diferenciá-las em um campo tão movediço como as evoluções de Eros? Poderia a noção de abertura para as escolhas exogâmicas constituir-se em um critério diferencial?

O tema, em si, é tão antigo quanto a psicanálise (ou melhor, quanto a própria existência humana). No entanto, a frequência com que aparece na clínica de família incentiva a reflexão a respeito de seus modos de operar, com o intuito de melhor compreendê-lo. Os caminhos percorridos no desenvolvimento desta reflexão apontaram para o tema da incestualidade, enquanto obstáculo, ao desenrolar-se da subjetivação da criança na direção das escolhas exogâmicas.

Ao longo dos anos, tivemos a oportunidade de trabalhar e refletir sobre esses temas, tanto no atendimento individual como no de casal e família, o que nos proporcionou observá-lo por diferentes ângulos. Constatamos que esses fenômenos apresentam uma tenacidade, uma resistente força centrípeta, que, muitas vezes, desafia a capacidade do clínico de interferir na economia libidinal existente e promover uma maior circulação do desejo. Essa resistência à mudança aparece mesmo na elaboração conjunta da clínica de família, como veremos no exemplo relatado.

No que se refere à mãe, certamente há aí um grande paradoxo: o "ser que é ela própria", que nasce dela e a quem deve amar intensamente para que ele, por sua vez, "venha a ser", na verdade, é o "outro", e, se ela não souber deslocá-lo como o centro do seu amor, ele perecerá como sujeito. Em decorrência desse paradoxo, a função materna está mais exposta aos descaminhos incestuais. No entanto, certamente, descaminhos aprisionadores da vida psíquica da criança podem também se apresentar, incestualmente, pela pessoa do pai, o que não é raro, assim como por irmãos ou parentes próximos.

A coparticipação do pai, entretanto, merece uma reflexão especial. Pode-se observar que nem sempre a presença de um pai amoroso e atento é suficiente para estabelecer a diferenciação necessária para o "vir a ser" da criança. Existe aí uma infinidade de fatores poderosos, oriundos do psiquismo materno e imbricados no psiquismo incipiente do bebê, que podem neutralizar as investidas paternas e deixá-lo como o terceiro, excluído e inoperante. O pai pode, também, estar incapacitado para essa função devido a fatores presentes em sua história pessoal – ou pode estar, de fato, ausente.

Refletir sobre os descaminhos dos primeiros amores a partir do inter-relacionamento fantasmático familiar é uma tentativa de refinar e aprofundar a compreensão dessas questões. Estas se apresentam como de inegável importância na clínica de família, na qual, por vezes, sintomas diversos da criança acabam por escamotear o pano de fundo de uma patologia incestual importante. Outra área que se beneficia das reflexões sobre esse tema é a do direito de família, na qual, em processos de guarda de criança, podem aparecer acusações de relacionamento incestuoso, assédio ou abuso incestual supostamente praticados pelo ex-cônjuge. Qual critério seria utilizado para fazer esse tipo de julgamento? Este trabalho de reflexão caminha na direção de possibilitar mais esclarecimentos sobre esses temas.

Definição dos termos

Os neologismos "incestualidade" e "incestual" foram forjados por Racamier (1995) a partir de sua experiência com pacientes esquizofrênicos, sobre a dinâmica dos quais construiu extensa teorização. Neste texto, no entanto, o substantivo "incestualidade" e o adjetivo "incestual", dele emprestados, serão utilizados, especificamente, para se referir a uma das maneiras pela qual a sexualidade circula na família.

Os termos "incestualidade" e "incestual" derivam da palavra latina "incesto", que, segundo o Novo Dicionário Aurélio Ferreira (1975), significa união sexual ilícita entre parentes consanguíneos, afins ou adotivos; incasto, incestuoso, torpe (p. 757).

Cromberg, em seu livro *A cena incestuosa* (2001), aponta:

> [...] a palavra incesto designa circuitos muito variáveis de uma cultura a outra, mas cada vez que ela é empregada suscita um autêntico sentimento de horror. Parece que cada

cultura secreta uma teoria do incesto e seus oponentes. O incesto mesmo, ou o simples fato de dever falar dele, provocam um tal desgosto a alguns que, por vezes, como na China e Indonésia, não se pode pronunciar a palavra. Compreende-se, então, que se trata do impronunciável. (p. 29)

Esta constatação nos remete imediatamente a Freud (1913), que afirmou, inúmeras vezes, que só há a necessidade do recalque e do tabu para algo muito desejado (p. 132).

Naouri (2000) faz uma pesquisa etimológica mais extensa do termo "incesto" e chega a algumas conclusões. Segundo ele, o termo "incesto"

> deriva do latim *incestum* o que significa exatamente sacrilégio. *Incestum* deriva de *incestus* que significa impuro, sujo. *Incestus* surge do *in* privativo e *cestus*, deformação de *castus* que significa casto, puro. Assim, *incestus* terá também o sentido de não casto. Na evolução da língua, *castus* confunde-se com *cassus* que significa vazio, esvaziado de, até o suplantar, como supino do verbo *careo,* equivalente a "me falta", em português. Não haveria então nenhum abuso em traduzir *incestus* por "a quem não falta nada" e relacionar esse sentido ao desejo de toda mãe de que a seu bebê não falte nada. (p. 109)

Como podemos ver, Naouri (2000), cuja contribuição será abordada no capítulo 3, remete o termo à noção de abolição da falta, própria à *propensão incestuosa natural da mãe*, conceito proposto por ele para designar o posicionamento inicial da mãe com seu bebê.

Neste trabalho também serão utilizadas as palavras "exogamia" e "exogâmico". Segundo o Novo Dicionário Aurélio Ferreira (1975), "exogamia" refere-se ao regime social em que os matrimônios se efetuam com membros de tribo estranha, ou, dentro da mesma tribo, com os de outra família ou de outro clã.

Ainda segundo esse dicionário, o prefixo *"exo-"*, de origem grega, significa *"para fora"*. É nesse sentido simplificado de *"para fora da família"* que o termo "exogâmico" será aqui utilizado. Dentro dessa perspectiva, enquadram-se como procura de objetos *fora da família* certos movimentos da criança, como ir à escola e sentir-se bem lá, ou passar algum tempo brincando com o filho da vizinha, na casa dele. O que estamos querendo apontar é o fato de que, para que esses movimentos "exogâmicos" progressivos sejam possíveis é necessário que a circulação do fenômeno da incestualidade na família dê-se de forma que os permitam.

Outra questão sobre terminologia é o fato de que a palavra "incestualidade" engloba tanto os aspectos vitais e constituintes da subjetividade, como, por exemplo, em uma relação mãe-bebê "suficientemente boa", como aspectos aprisionadores, que são empecilhos para essa mesma constituição.

Como vimos acima a respeito da palavra "incesto" e de seus significados (sacrilégio e, ao mesmo tempo, a quem nada falta), as palavras "incestualidade" e "incestual" também revelam uma dualidade, ou seja, o fio da navalha entre o vital e o aprisionador.

Partindo dessas reflexões, deveríamos pensar o uso de expressões como "incestualidade necessária" e "incestualidade aprisionadora"? Essa é uma proposta deste trabalho; voltaremos a ela nas considerações finais deste livro.

Resumindo, as palavras "incestualidade" e "incestual" serão utilizadas para representar uma dimensão primitiva e regressiva da sexualidade, dimensão esta sustentada pela ilusão de completude; ou seja, essas palavras serão usadas para se referirem a uma das maneiras pelas quais a sexualidade circula na família. Neste sentido, seguimos os passos de Freud (1930), quando ele nos propõe a noção de pulsão inibida quanto à meta:

> As pessoas dão o nome de "amor" para o relacionamento entre um homem uma mulher cujas necessidades genitais os levaram a fundar uma família; mas elas também dão o nome de "amor" aos sentimentos positivos entre pais e filhos, e entre irmãos e irmãs de uma família, embora sejamos obrigados a descrever isso como amor inibido quanto à meta, ou afeição. O amor inibido quanto à meta era, de fato, originalmente, amor plenamente sensual, e ainda é assim no inconsciente do homem. (pp. 102-103)

Antes de abordarmos o tema da incestualidade, convém também especificar, muito brevemente, a forma como o termo "psicopatologia" é utilizado neste trabalho.

Fédida (e Berlinck, em nosso meio), na década de 1970, cunhou o termo "psicopatologia fundamental" no intuito de resgatar a tradição psicopatológica original, em oposição a qualquer intenção classificatória do sofrimento psíquico.

A palavra *"páthos"* vem do grego e significa "paixão", "sofrimento" e "passividade", podendo-se dizer que o humano é um ser psicopatológico, isto é, acometido (portanto, assujeitado) ao *páthos* inerente à vida, sempre passional, pulsional, dramático. Assim, Freud, ao descrever o inconsciente sexual, concebe o humano como portador de um *páthos*, ou seja, de um excesso, de uma dor, de um sofrimento psíquico.

Freud, em seu texto de 1914, "Neuroses de transferência: uma síntese", que ele próprio chamou de "minha fantasia filogenética" (p. 90), propõe que o estado nirvânico foi perdido devido a uma catástrofe ecológica, na qual o hominídeo sofreu consequências tão avassaladoras que foi obrigado a se transformar em humano (p. 74). Neste sentido, o psíquico é criado como uma defesa contra o vazio causado pela catástrofe e compõe o sistema imunológico do ser. A sexualidade seria a força que o habita e que o impele à vida.

As "fantasias filogenéticas" são importantes para o tema aqui desenvolvido, pois estamos nos ocupando da incestualidade, dimensão primitiva da sexualidade que é, no bebê, a defesa primordial diante do desamparo da vida extrauterina. E é por meio de relações incestuais que ele não somente sobrevive, mas também dá início a seu mundo representacional. Esta mesma incestualidade necessária, no entanto, pode transformar-se em aprisionadora, e o deslizamento de uma para outra constitui o *páthos* psíquico, um constante resvalar entre o que é da ordem do vital e o que é da ordem do mortífero.

Plano do livro

O Capítulo 1 apresenta um caso clínico de família; por meio dele poderemos desenvolver várias linhas de pensamento sobre o fenômeno da incestualidade que ele suscita.

No Capítulo 2, serão apresentadas as contribuições fundamentais de Freud e Lacan para a questão da incestualidade, no que se referem à função do pai e ao desejo da mulher. Acompanhar-se-á, também, a contribuição mais recente de Naouri a respeito do inter-relacionamento incestual mais primitivo de todos, o relacionamento mãe-filho da vida intrauterina.

Em seguida, serão abordados os aspectos vitais e necessários da incestualidade, a partir dos pensamentos de Leclaire e Laplanche sobre a função de erogenização do bebê. O título "Incestualidade: um páthos familiar", dado a esse capítulo, evidencia a visão de que a reflexão sobre o tema da incestualidade deve ocorrer no contexto do inter-relacionamento familiar e, mais ainda, levando-se em consideração as importantes implicações das heranças geracionais.

No Capítulo 3, será feita a articulação do tema da incestualidade com o da abertura para as escolhas exogâmicas, a partir das observações do próprio Freud. Em seguida, serão apontadas algumas condições de possibilidade para que essa abertura ocorra, tais como a plasticidade das pulsões, a viabilidade do trabalho de luto na família, o efeito do narcisismo dos pais sobre os filhos e a questão do superego enquanto introjeção do superego dos pais. A interdependência do fenômeno da incestualidade com o da abertura para as escolhas exogâmicas será aqui sintetizada.

Nas considerações finais, serão propostas a diferenciação entre a incestualidade necessária e a incestualidade aprisionadora, e a articulação entre o fenômeno da incestualidade e o da abertura para as escolhas exogâmicas. Em seguida, serão explicitadas algumas vantagens dessas propostas para a clínica e para o Direito de Família.

1.

Uma família em busca de amor

"Esta família é muito complicada!" Foi com essa frase de desabafo do médico clínico da mãe que a família Zandoni[1] foi encaminhada à analista, com a informação de que pai, mãe e filho estavam com problemas. Juraci, a mãe, estava com peso muito acima do recomendado, era muito ansiosa, tinha queixas em relação ao casamento e dificuldades com o comportamento rebelde do filho único. Antônio, o filho, aos dez anos, estava com problemas de adaptação à escola, e Nino, o pai, segundo a descrição da mãe, também era muito ansioso e não a ajudava com as dificuldades do filho, ficando apático em relação à situação da família. "Tem aí algo que não funciona entre eles. Melhor fazerem terapia juntos", concluiu o médico.

Quando foram à sessão, Antônio monopolizou a atenção da analista de uma forma que parecia ser habitual para ele, interrompendo as falas dos pais imperiosamente. Contou sobre

---
[1] Com o intuito de preservar a privacidade das pessoas envolvidas, os nomes e demais circunstâncias que pudessem ser identificados no caso aqui relatado foram modificados, sem prejuízo, no entanto, dos processos psíquicos que se quis descrever.

sua escola, que não gostava de ficar na classe e preferia jogar futebol no pátio, mesmo sozinho, e que a diretora era muito brava e "chata" e que "ficava no pé" dele por qualquer coisa. Ela o culpava por começar brigas no futebol, quando muitas vezes não era ele quem começava.

E assim seguia Antônio. Quando a atenção da analista voltava-se para os pais, ele ficava vagando pela sala e mexendo nos objetos que encontrava, inclusive na mesa da analista, sob o olhar complacente da mãe e sem ouvir os débeis protestos do pai, que, por sua vez, parecia não esperar ser mesmo ouvido. Antônio roía as unhas ansiosamente, parecia ficar muito aflito por não ser o centro das atenções; sua presença causava agitação ao seu redor.

Na escola, Antonio era tido como uma criança difícil e imatura, que não conseguia adaptar-se às rotinas nem se concentrar nas tarefas, necessitando sempre de atenção individualizada dos professores. "Por que tenho que fazer isto?" ou "Não quero fazer isto!" eram seus questionamentos habituais. Quando contrariado, chorava e pedia pela mãe e, a partir daí, só queria ficar fora da sala, jogando bola. A escola o descreveu como uma criança superprotegida pela mãe, "sem limites", e que não havia ainda desenvolvido uma autonomia adequada à idade: ele não conseguia fazer as tarefas sozinho, precisando sempre da companhia de um adulto. Além disso, os colegas o evitavam, pois, quando se enraivecia, o que acontecia frequentemente no futebol, reagia com socos e pontapés.

Em casa, Antônio solicitava a mãe para tudo, não aceitando a autoridade da empregada que cuidava dele desde que nascera; quando Juraci chegava do trabalho, à noite, tinha que ouvir suas queixas sobre o comportamento rebelde do menino. A frase preferida de Antônio para se contrapor à empregada, e, esporadicamente, às professoras, era: "Você não manda em mim!". Era muito difícil para a empregada conseguir acordá-lo e prepará-lo para a escola de manhã cedo, quando a mãe já tinha saído para o trabalho. Antônio exibia uma atitude negativa em relação a tudo o que ela lhe solicitava ficava agressivo e acabava por se atrasar com frequência. A mesma atitude à tarde, para fazer lição de casa. Muitas vezes, telefonava para a mãe para dizer que não queria fazer isto ou aquilo; nessas ocasiões, Juraci explicava longamente para o filho a razão pela qual ele tinha que fazer o que lhe era pedido. Às vezes Antônio cedia e às vezes não. Passava a maior parte do tempo vendo televisão ou jogando *videogames*. Não socializava com as crianças do prédio.

Um colchonete para o pai

Aos poucos, em sessões com a família toda ou só com o casal, a história dos Zandoni foi-se desenrolando. Nino trabalhava com seu próprio pai e levava o seu nome. Apresentou-se como muito ocupado e desgastado pelo trabalho, não tendo tempo nem energia para dar atenção à esposa e ao filho.

Contou que seus pais estavam separados, mas que ainda não haviam legalizado sua situação, vivendo em permanente litígio. Seu pai era um empresário bem-sucedido e vivia com sua nova e jovem mulher; o medo de toda a família era que ela levasse todo o patrimônio do pai, já avançado em idade e doente. Essa situação fazia com que sua mãe, suas duas irmãs e ele próprio estivessem constantemente de sobreaviso para "defender o pai da amante". O pai de Nino havia tido uma vida paralela desde a infância deste, e assim era o ambiente na casa em que Nino cresceu. Sua mãe, "cheia de caprichos", exigia obediência "incondicional" dos filhos, o que conseguia por meio de manipulações afetivas, colocando uns contra os outros, em geral, as irmãs contra Nino.

Nino estudou Administração e sempre trabalhou com o pai. Suas irmãs não trabalhavam, mas usufruíam dos rendimentos da empresa, o que causava desentendimentos entre Nino e Juraci, que não achava justa a situação. Ela dizia: "Ele é o burro de carga desta família. Trabalha para todos e todos reclamam que ele não faz o suficiente. Nunca o elogiam ou o agradecem, nem ele ganha mais do que elas para fazer o que faz". Cansado, desvitalizado, sugado de suas energias: essa era a impressão que Nino transmitia.

Juraci sentia-se afetivamente excluída e revoltada por ter que criar o filho sozinha, pois também trabalhava bastante. Era engenheira e trabalhava em uma grande empresa, com horários rígidos, o que lhe gerava culpa por não ter maior disponibilidade para o filho durante a semana. Estava com evidente excesso de peso, o que a fazia arfar ao falar e disse ter pressão alta. Contou que, como toda noite o filho vinha para a cama do casal, já havia um colchonete preparado e o pai mudava-se para ele; "assim, os três podiam dormir sossegados".

Essa fala contém, provavelmente, a explicação para boa parte do estado ansioso de Antônio, a quem era permitido (ou incentivado) desbancar o lugar do pai no leito conjugal. Veremos, a seguir, que não se trata de um fato isolado, mas de uma postura defensiva e compensatória da mãe em face do desinteresse do marido por ela. Vitorioso sobre um pai desinteressado, Antônio debatia-se com emoções bastante complicadas. E, especialmente, como a mãe, sofria por não conseguir a atenção de Nino.

Juraci e seu amor por Antônio

Juraci vinha de uma família numerosa: era a terceira das quatro filhas, seguidas pelo filho caçula. Sua mãe sempre foi depressiva e chegou a ser internada antes do nascimento do caçula. Juraci disse que nunca teve a atenção da mãe só para si, com tantos filhos que ela tinha para criar. Disse que havia sido "criada" mais pelas duas irmãs mais velhas do que pela mãe. Seu irmão nasceu com problemas sérios de saúde, o que ocupou muito a mãe, que "vivia só para ele". Atualmente, ele está bem de saúde, é homossexual e vive em outra cidade, e a família finge que não sabe de sua orientação sexual.

Juraci sempre foi muito boa aluna, a única da família que estudou, e, apesar disso, era muito recriminada pela mãe por ser gorda. Nunca conseguiu sua aprovação por algo que fizesse; parecia que ser magra era tudo o que importava para a mãe. Uma vez lhe perguntara: "Mãe, por que você não gosta de mim?" Sua mãe fora muito bonita e elegante quando jovem, e Juraci era a filha fisicamente mais parecida com ela. Suas irmãs mais velhas, que eram seus maiores apoios afetivos, casaram-se cedo, tiveram seus filhos e seus problemas. Apesar de seu excelente desempenho acadêmico, Juraci sentia-se pouco valorizada por sua própria família. Saiu de casa aos dezessete anos para estudar Engenharia em outra cidade e nunca mais voltou a morar em sua cidade de origem.

Sentia-se, também, inferiorizada perante a família do marido, por sua origem mais simples e do interior e por sua tez morena, que contrastava com a de seu marido, bastante claro, sendo a família deste de origem italiana. Era humilhada pela sogra e pelas cunhadas, e até pela ex-namorada do marido, que frequentava a casa da família. Sua sogra e suas cunhadas tinham sido contra seu casamento, pois queriam que Nino se casasse com a ex-namorada, que elas conheciam desde criança e que também tinha origem italiana. Juraci sofria muito com essa situação: roía as unhas como Antônio e comia muito, especialmente chocolate, leite integral e doces.

Carregava também muita culpa pelas dificuldades financeiras pelas quais passava sua grande família de origem, e constantemente os ajudava, "muito sem critério", no dizer de Nino. Este era um tema de discussão e desentendimento entre eles e que acabava sempre em acusações mútuas. Mesmo ajudando muito sua família, Juraci sentia culpa por usufruir de seu atual nível financeiro.

Era uma profissional respeitada pelos chefes e colegas, e este fato contrastava com a falta de segurança que exibia na vida familiar. Nino, de seu lado, transmitia a sensação de ser um menino perdido e desorientado entre a lealdade à mãe e às irmãs contra o pai e a lealdade ao pai contra a mãe e as irmãs e contra sua atual companheira, de quem o pai também desconfiava. Em sua luta permanente para se fazer notado e amado pelo pai, não lhe sobrava energia para a esposa e o filho complicado. Além disso, também não lhe ocorria como desempenhar essas funções. Para provar sua dedicação, argumentava: "Mas eu passo os fins de semana com eles! Meu pai nunca fez isso!"

Juraci tinha, então, o caminho aberto para se lançar inteira ao amor ao filho. Ele era seu "companheiro" de fato. À noite, tomavam banho juntos (ela nunca fechava a porta de seu banheiro "para ele não se sentir sozinho"), jantavam e viam televisão na cama do casal, pois o pai nunca chegava em casa cedo, tendo que, antes de voltar, passar na casa de sua mãe, onde jantava e fazia para ela o relatório do dia da empresa da família.

Temos aí, novamente, Antônio sendo deslocado do lugar de filho para ocupar o lugar do pai junto à mãe; a um só tempo vitorioso sobre o pai e órfão de seu amor, possivelmente culpado, talvez atribuindo o afastamento do pai ao seu posicionamento diante da mãe. Como Antônio elaboraria as sensações e sentimentos a respeito da intimidade com a exuberância daquele corpo materno que lhe era oferecido constantemente?

Ao descrever seu comportamento para com Antônio, Juraci dava-se conta de que repetia com o filho exatamente o que sua mãe fizera com seu irmão. "Será que ele também vai ser homossexual?", angustiava-se ela. Mas, na prática, não mudava de atitude. Fazia o gênero "mãezona", toda noite chegava com um presente. Seu tempo era gasto entre a profissão, brincar com o filho e administrar todas as dificuldades que ele apresentava na escola, com os colegas e professoras e em casa, com a empregada que cuidava dele. Tinha com ele longas conversas, explicando detalhadamente porque não podia comportar-se daquela forma. A ela, Antônio ouvia com atenção, mas nada mudava.

O pai não participava da educação do filho. Para Nino, tudo o que se referia a Antônio era da alçada da mãe, pois assim tinha sido em sua família de origem. Por outro lado, quando acabava por irritar-se com Antônio, descontrolava-se, gritava, ameaçava bater-lhe "de cinta". Antônio mostrava medo, e Juraci pulava para defender a cria. Nino acabava por encolher-se e voltar à letargia costumeira. A essas cenas de fúria do pai seguia-se um afastamento do casal e uma cumplicidade maior entre mãe e filho.

Juraci não aceitava a forma de Nino se relacionar com Antônio, segundo ela, oscilando entre desinteresse e violência. Contou que Antônio tinha muito medo do pai, pois, embora ele nunca tivesse, de fato, batido no filho, cobrava muito dele, de uma forma violenta, impaciente e aos berros, o que só o afastava ainda mais. Juraci dizia: "Eu o entendo melhor, para mim ele conta suas dificuldades". Falou isso suavemente, e parecia que nessa frase estava resumida a forma como mantinha Antônio junto a si, isto é, identificando-se e aliando-se aos sentimentos de exclusão que ambos sentiam diante de Nino.

De seu próprio pai, Juraci disse que nunca fora violento com os filhos, embora fosse distante deles; tinha um pequeno comércio e ocupava-se bastante com as atividades políticas da pequena cidade. Ele também deixava a educação de sua prole aos cuidados da esposa. Esta, sim, "educava no grito e na impaciência, estava sempre à beira de um ataque de nervos". No entanto, Juraci conservava do pai uma imagem amena; ele se orgulhava da filha engenheira, mas, por outro lado, não enfrentava a "neurastenia" de sua própria mulher e vivia fora de casa.

Famílias de origem

Nas sessões de família, evidenciava-se o alheamento deprimido do pai, a cumplicidade entre mãe e filho e, acima de tudo, irrompiam raivosamente os efeitos emocionais da indiferenciação do casal em relação às suas respectivas famílias de origem, com acusações de ambos os lados. Este foi um tema longamente trabalhado em sessões do casal e que fez com que Nino saísse de seu isolamento e se implicasse no processo. Gostavam de contar as próprias histórias, identificavam-se com os sofrimentos da história do outro. Traziam especialmente as peripécias da mãe de Nino com suas manipulações e possessividade com seu único filho homem. Aos poucos, foram tornando-se mais cúmplices e parceiros no deciframento das dinâmicas de suas próprias famílias e em lidar com suas complicações.

No decorrer desse processo, Nino aproximou-se bastante de seu próprio pai, então muito doente e podendo morrer a qualquer momento. Pôde, então, perceber seu desejo, da vida toda, de ser amado por ele. Essa aproximação gerou muita raiva em sua mãe e em suas irmãs, e uma melhora evidente no relacionamento com a esposa. Juraci, apoiada pelo marido, começou a impor limites à sogra, às cunhadas e à ex-namorada de Nino; também se reposicionou diante de sua própria família e seus infindáveis pedidos de ajuda financeira, adquirindo uma postura mais criteriosa em suas "doações". Conseguiu do marido que a acompanhasse em suas viagens ao interior para vê-los, coisa que ele nunca havia feito antes.

Essas mudanças nos relacionamentos com as famílias de origem de ambos suscitaram uma troca de ideias entre eles, e uma nova cumplicidade surgiu. Juraci tornou-se *expert* em decifrar os vários movimentos manipulatórios da família do marido, e Nino passou a consultá-la com frequência sobre como agir com eles. O sogro começou, também, a pedir a opinião dela sobre problemas da empresa, e, assim, Juraci adquiriu um novo lugar na família.

No entanto, apesar de o casal estar mais próximo e mais apaziguado, especialmente no que se referia aos assuntos sobre as famílias de origem, que foi o que atraiu Nino para o processo terapêutico, o desinteresse dele pelo que se passava com o filho continuou. Não conseguia perceber a necessidade do filho de ser amado por ele, repetindo a atitude de seu próprio pai.

Nino e a interdição

Antônio continuava causando preocupação. Ele já dormia sozinho, em seu próprio quarto (e seus pais retomaram algum ritmo de vida sexual), mas continuava "aprontando" na escola e em casa, e suas notas decaíam. Essa situação causava muito sofrimento à mãe, que esperava que ele fosse bem-sucedido academicamente, como ela e o pai dele foram.

Nino vivia sua vida mais próximo de sua família de origem do que da mulher e do filho, deixando Antônio entregue a uma relação com a mãe que o enchia de ansiedade. Antônio dizia para a empregada e para as professoras: "Você não manda em mim!" Perguntado sobre quem mandava nele, hesitou e respondeu sem convicção: "Minha mãe". Podemos nos perguntar: quem, de fato, "mandava" nele? O pai distante, desinteressado e erraticamente possuído por uma raiva que o assustava? A mãe complacente e dadivosa? Como ele poderia discriminar-se de seu apelo afetivo (e do apelo da opulência de seu corpo) se não tinha em que se agarrar para dar esse passo? Antônio estava ansiosamente em busca de quem "mandasse" nele, alguém que lhe fornecesse um norte identificatório.

No entanto, ele não se tinha deixado envolver completamente pelo apelo materno; mantinha-se em uma corda bamba, e sua rebeldia era sua garantia. A ansiedade era a consequência do "fora de lugar" no qual ele se equilibrava. Ao contrário de seu pai, que sempre fora submisso ao desejo da própria mãe e esforçado para fazer tudo "certo" e ser amado por todos, Antônio se rebelava.

Além disso, a atitude de Juraci para com ele carregava uma ambivalência importante: ela tinha consciência de que estava repetindo com o filho a atitude de sua mãe com o irmão caçula, e se angustiava com isso. Nesse aspecto, Juraci também se diferenciava de sua sogra, para quem o filho era um verdadeiro objeto para seu uso, e para quem os sentimentos de Nino não eram importantes.

Voltando a Antônio, quem "mandaria" nele e o remeteria ao seu lugar de direito, o de filho pré-adolescente do casal Nino e Juraci? À sua "rebeldia" correspondia a "revolta" de Juraci, ambos carentes do amor e da consideração de Nino, ele próprio impossibilitado de dar o que não recebeu.

De fato, havia pouco progresso no que se referia a uma entrada mais vigorosa do pai entre mãe e filho. Nino, mais do que desinteressado da mulher e do filho, parecia drenado de energias por sua lealdade à família de origem e suas infinitas complicações; vivia atormentado por culpas e ambivalências. Sua mãe o queria para si própria e o mantinha dependente de seus caprichos e manipulações, aos quais não faltavam ameaças de deserdá-lo se não cumprisse seus desejos. Ele parecia sempre exausto e à beira de algum tipo de colapso. Acabou por desenvolver uma doença autoimune séria, da qual sua esposa cuidava com dedicação e competência.

Nino recusava-se a fazer terapia pessoal e faltava muito às sessões de família. Quando faltava, no entanto, queria saber tudo o que tinha sido conversado e, algumas vezes, mandava perguntas por intermédio da esposa. Também se recusou a ir ver um psiquiatra em busca de medicação.

Juraci preenchia seu vazio afetivo com Antônio e este com ela. O garoto não tinha amigos. Nos fins de semana, ia ao cinema e aos *shoppings* com a mãe; ela era sua companheira de jogos eletrônicos e assistia futebol com ele. Ele a comandava com voz imperiosa, e ela, complacentemente, cedia à sua vontade. Achava graça em seus caprichos e parecia não compreender que seu próprio comportamento de doação inesgotável o estava prejudicando. Antônio tinha o hábito de entrar no banheiro enquanto sua mãe tomava banho ou fazia suas necessidades fisiológicas. Da mesma forma, ela entrava no banheiro dele à vontade, como se ele fosse um menino pequeno.

Nino não se pronunciava a respeito. Contou que ele e as irmãs também eram assim com a mãe, e que os três gostavam de brincar de passar creme nela depois que ela tinha tomado banho e ficava deitada na cama coberta só com a toalha. Contou ainda que isso era feito "de uma forma muito natural e não tinha causado nenhum dano a eles". Em sua infância e adolescência, Nino dormia com a mãe, na cama do casal, nas frequentes viagens do pai. Desde sua adolescência, era muitas vezes convocado pela mãe para espionar quem seria a amante do pai no momento, se era casada ou solteira, onde morava, se era funcionária da empresa ou não.

Além disso, desde que fora trabalhar com o pai, era Nino quem controlava os pagamentos dos cartões de crédito de toda a família. Sabia, portanto, da ida do pai a motéis, e essa informação era passada à mãe e às irmãs sempre que tal fato acontecia, ocasionando todo tipo de fantasias persecutórias sobre a segurança do patrimônio. Atualmente, a amante era fixa e morava com ele, o que só aumentava a preocupação da mãe e dos filhos.

Compreende-se porque Nino não conseguia colocar-se entre Juraci e Antônio. Sua própria mãe apresentava uma falta de limites entre ela e os filhos, e, para ele, esses hábitos familiares eram "naturais". Ele não tivera um pai que o auxiliasse a discriminar-se dela.

A expressão "isso tudo era natural" de Nino foi aproveitada para lhes ser dito (em sessão de casal) que, "se não havia causado danos a ele", esses hábitos bem poderiam estar causando danos a Antonio, impedindo seu desenvolvimento emocional em direção a uma autonomia da mãe adequada à sua idade, e que, nesse aspecto, pai e mãe estavam implicados. Juraci voltou a comentar como era semelhante sua atitude com Antônio em relação à de sua mãe com seu irmão, e esse fato, nesse momento, causou grande impacto em Nino. Pareceu acordar de sua letargia e endereçou uma pergunta direta à analista: "Mas, então, o que tem que mudar?"

A partir daí foi possível que os dois começassem a construir, cada um, outra possibilidade de relacionamento com o filho, diferente daquela que tiveram em suas famílias de origem. Nino passou a policiar a mulher e a delatá-la nas sessões; ela ria e dizia: "Pisei no tomate de novo". Sua atitude sobre esse tema era parecida com a que tinha sobre seu excesso de peso, sua pressão alta, seu gosto por chocolate. Havia uma consciência do problema, mas havia também um "Deixa pra lá!". Essa atitude irritava Nino, que passou, ele mesmo, a impor certas regras à mulher e ao filho no que se referia à intimidade deles. Para surpresa do casal, Antônio, no início, começou dizendo que o pai estava com ciúmes, mas rapidamente se adaptou às novas regras e passou a solicitar ao pai que o ajudasse nas lições e a convidá-lo para assistir ao futebol. Nino não tinha muita disponibilidade afetiva para o filho, mas, nessa situação, correspondeu às suas demandas, ficando muito impressionado com as reações afetivas de Antônio. Emocionou-se ao constatar a semelhança entre a situação dele e a do filho em relação a seus próprios pais.

Essa fase coincidiu com a mudança de escola de Antônio, o que lhe proporcionou testar novos modos de se relacionar com os colegas e começar a ter seus primeiros amigos. Também aconteceu uma aproximação de Antônio com o avô doente, o que nunca tinha ocorrido antes, mesmo sendo Antônio seu único neto homem.

Juraci, no início, parecia aturdida e perdida por ser preterida pelo filho. Nino contou que a viu batendo na porta do banheiro para saber o que Antônio estava fazendo lá dentro trancado. Nino disse para ela deixar o filho em paz e cuidar de sua vida. Antônio ria, deliciado, ouvindo esse episódio. Sua atitude para com a mãe continuava carinhosa, mas havia uma tonalidade protetora e condescendente que não havia antes.

Nesse momento, Nino teve um agravamento em sua doença e começou a faltar muito às sessões; seu pai também estava piorando, o que colocava mais demanda em cima de um Nino já debilitado. Ele decidiu parar a terapia e, diante dessa situação, falou-se da possibilidade de Antônio ter um analista só para ele. Os três concordaram, e Juraci solicitou continuar, individualmente, com a analista por mais um tempo.

Juraci e os lutos

Nessa nova fase, Juraci elaborava longamente a carência afetiva com a qual sempre vivera. Sua mãe estava sempre deprimida e totalmente voltada para o filho caçula; além disso, sentia uma hostilidade da mãe em relação a ela desde sempre, e tudo o que Juraci se lembrava dela eram as recriminações sobre sua "obesidade", enquanto tentava agradá-la e se fazer amada, sem conseguir. O pai era distante e ocupado com assuntos mais importantes para ele do que ela. Sua autoestima era frágil e sustentada apenas por seus bons resultados acadêmicos.

Quando se casou com Nino, as desatenções dele e da família dele para com ela apenas repetiam sua experiência de vida. Sua luta para ser reconhecida e amada continuava, agora com novos personagens. A chegada de Antônio "foi um deslumbramento"; pela primeira vez na vida era amada de verdade. Entregou-se inteiramente à nova experiência, que, por outro lado, lhe era muito familiar. Antônio e ela amavam-se como ela tinha assistido a seu irmão e sua mãe se amarem no passado. Para Juraci, esse amor era o único confiável e possível.

No decorrer da análise, Juraci passou a se empenhar em alcançar maior autonomia emocional em relação ao marido, incentivar a vida social de Antônio e aumentar seu próprio círculo de amizades; projetou-se mais no trabalho, chegando a ser promovida. Encerramos aqui o caso da família Zandoni.

Repetindo a pergunta que é o eixo de nossa reflexão: como são os modos de operação do fenômeno incestual quando este acaba por dificultar aos filhos a possibilidade de escolhas exogâmicas? Vejamos como aconteceu na família Zandoni.

O sintoma de Antônio e a cadeia incestual familiar

Do lado de Nino
No caso relatado, pode-se verificar como a rebeldia de Antônio se insere no contexto ampliado das histórias familiares

de seus pais, às quais, se não houvesse uma mudança de rumo como aquela ocasionada pela análise, ele daria continuidade.

Assim, Nino, o pai, está aprisionado, poder-se-ia mesmo dizer asfixiado, pelo conflito entre seu pai e sua mãe. Seu drama psíquico é de tal monta que não nos surpreendemos com o aparecimento da grave doença autoimune que o acometeu. Nem com a verdadeira drenagem emocional que ele apresentava, fazendo com que não tivesse energia disponível para canalizar à mulher e ao filho.

Nino mantinha alguma vida sexual com Juraci e era esse o lugar (exíguo) que ela ocupava em sua vida. Apesar de seus ressentimentos e revoltas, ela sustentava, para com ele, uma disponibilidade sexual que dava continuidade à relação. Com a análise surgiu também uma cumplicidade referente às famílias de origem, que sedimentou o que havia de companheirismo no casal. Tratava-se de um projeto de vida conjugal ancorado no gerenciamento das pressões vindas das duas famílias de origem.

No entanto, o aprisionamento de Nino nesses conflitos, se não impediu seu casamento com Juraci contra a vontade da família, certamente o impedia de atuar como pai de Antônio. Nem mesmo seria possível dizer que ele se sentia ameaçado pela possibilidade de o filho lhe "roubar" a mulher, como ele próprio fizera com seu pai, ao se aliar à mãe contra ele e dormir na cama dela, em suas ausências, até a adolescência.

Nino simplesmente não se dirigia a essas questões; entregava a mulher ao filho e o filho à mulher como se essa fosse a ordem natural das coisas. Nem amor nem ódio pelo filho, mas, sim, indiferença. Suas ocasionais crises de violência pareciam estar mais relacionadas às pressões de Juraci para que assumisse, com firmeza, seu papel de pai. Nino não tinha o menor interesse nesse papel, essa era a verdade.

Esse fato deixava Antônio em uma posição "sem forma", de filho de um pai ausente em sua presença, um pai que, enquanto tal, era também sem forma. De fato, configurava-se para Antônio uma repetição da relação de Nino com seu pai, isto é, a busca por seu amor como um objetivo de vida. Nino posicionou-se de forma a se fazer necessário para seu pai, estudando Administração de empresas e trabalhando com ele desde cedo. E o pai utilizava-se do filho como uma continuidade de si próprio, desse filho a quem deu seu nome e a missão de cuidar da mãe e das irmãs e de ser seu auxiliar na empresa.

No entanto, com Antônio, nem mesmo havia essa expectativa de proximidade utilitária. Nino entregava-lhe Juraci e se desinteressava pelos destinos de ambos. Havia indiferença, uma falta de lugar para eles na vida de Nino, e essa era a origem da revolta dos dois.

Poderíamos fazer o mesmo raciocínio sobre o relacionamento de Nino com seus pais, os avós de Antônio. Relação incestual aprisionadora com a mãe e desejo intenso de ser reconhecido pelo pai, em uma busca de amor semelhante à de Antônio por ele.

Do lado de Juraci

A relação de Juraci com sua mãe caracterizava-se pelos sentimentos de desamparo e vazio afetivo da filha e de inveja e rejeição da mãe. O pai, distante, estava permanentemente ocupado em fugir dessa mulher "sempre à beira de um ataque de nervos" e ocupada demais com a prole numerosa que ele próprio formou e da qual se orgulhava muito. Sua mulher invejava a filha mais inteligente e promissora, fisicamente parecida com ela, que teria uma profissão e a independência que ela almejara para si. Depois de ter quatro filhas, entrou em depressão; teve, então, o filho caçula, seu primeiro filho homem, seu falo legítimo. Dedicou-se a salvar sua vida física e a buscar a saída da depressão por intermédio dele. Foi, como se diz, "o amor de sua vida".

Aos dezessete anos, Juraci sai de casa para estudar Engenharia; suas irmãs casam-se bastante cedo. Não há mesmo muito espaço para elas ao lado da mãe. Além disso, o irmãozinho era doente, e Juraci sentia muita culpa de ter raiva da exclusividade da mãe para com ele.

Juraci e suas irmãs conversavam sobre essa estranha relação dos dois; às vezes, Juraci tentava falar com a mãe sobre esse fato, mas a mãe ficava furiosa, transtornada, e dizia que ela não tinha mais idade para ter ciúmes do irmão. Com o pai, não havia nem como tentar conversar sobre esse tema, porque ele "idolatrava" seu único filho homem; trabalhava com afinco para poder arcar com as despesas decorrentes de sua doença e se esforçava para sustentar a ligação do filho com a mãe. Além do que, em sua opinião, tinha sido a dedicação dela que lhe salvara a vida. O pai vivia fora de casa e, de longe, supervisionava o par, para que nada faltasse ao seu bem-estar.

No decorrer da análise, Juraci foi constatando que, pelo menos em parte, a raiva e a evitação da mãe bem poderiam ser causadas pela percepção (e explicitação por parte de Juraci) de que algo ali estava errado. Isso enfurecia a mãe. Além desse fator, a simples visão de Juraci, espelho dela própria pela grande semelhança física entre as duas, com seus livros, réguas, computador e compromissos profissionais, bastava-lhe para fazer eclodir a frustração e a inveja de não ter tido as mesmas oportunidades que ela na vida. Então, ela atacava o sobrepeso de Juraci, chamava-a de horrorosa, baleia, mulher-hipopótamo, incapaz, sem força de vontade. Juraci não reagia, só chorava. Tinha muito afeto pelo irmãozinho e, escondida da mãe ciumenta, o ajudava nas lições. Ele foi o segundo membro da família a ter diploma de engenheiro e se tornou um profissional bem-sucedido.

Do ponto de vista afetivo, Juraci não tinha em que se agarrar. Suas irmãs a amavam, mas, devido à diferença cultural entre elas, mais se apoiavam nela do que o contrário. O fato de Juraci ter um salário garantido e ser solteira, em muito pouco tempo, transformou o relacionamento com as irmãs, os cunhados e os sobrinhos em uma espécie de competição para ver quem ganhava mais presentes e doações dela. Pagava escola para um, médico para outro, tudo muito sem critério, em um esforço sem medidas para ser querida e ter uma família que a amasse.

Quando conheceu Nino e sua família, sentiu-se muito feliz, como um náufrago que encontra seu porto. Além disso, amava Nino, achava-o lindo, e este havia terminado com a ex-namorada para ficar com ela. Logo, no entanto, o velho processo de rejeição se reinstalou, e a luta de Juraci por amor recomeçou, com novos personagens. A ela era destinado um pequeno lugar ao lado de Nino, a mulher com quem ele ia para a cama, mas a quem era lícito desrespeitar, desconsiderar, humilhar, comparando seu sotaque caipira com a sofisticação da ex-namorada, excluindo a ela e a seu filho das conversas da família. Não era incomum, nos almoços de domingo com a família de Nino, que Juraci e o filho ficassem brincando em um canto da sala, enquanto os outros conversavam sobre os importantes assuntos de família. É curioso como o filho de Nino, único varão da nova geração, era tão rejeitado quanto sua mãe, não sendo reconhecido como membro do clã.

Nessa situação, Juraci, mesmo com seu valorizado diploma, não tinha para onde correr, do ponto de vista afetivo. Separar-se e voltar para a cidade onde nascera? Ficar sozinha com o filho em São Paulo, onde também se sentia meio "do interior", menos sofisticada? Juraci não tinha recursos afetivos internos para essa ousadia. Então se submetia, ia contornando as rejeições. É nesse contexto que sua relação com Antônio deve ser compreendida, ou seja, à luz da história de sua vida.

Juraci não teve uma relação incestuosa aprisionadora com sua mãe, como aconteceu com Nino; pelo contrário, sua relação com a mãe a deixou com várias lacunas afetivas e de autoimagem. No entanto, Juraci assistiu a mãe construindo uma relação incestual extremamente fechada com seu irmão caçula. Juraci não aprovava esse tipo de relação e manifestara isso para sua mãe no passado. Quando, porém, se viu em uma situação de grande carência afetiva no casamento, repetiu com o filho o que antes reprovara na mãe. Podemos conjecturar que houve aí um retorno do recalcado; o que antes fora nela um desejo reprimido de ser tão amada pela mãe quanto o irmão ressurge em uma identificação dela com seu filho: ela o amava como desejara ter sido amada no passado.

Temos aí o que podemos chamar de aspectos regressivos e defensivos da incestualidade em Juraci: ela vive, por meio do filho, a ilusão de completude com a mãe, ao mesmo tempo em que se defende do luto pelo fracasso amoroso de seu casamento com Nino. E mãe e filho, juntos, amoldam-se em uma identificação mútua de orfandade do amor não correspondido de Nino. De fato, poderíamos apontar aqui a incestualidade regressiva defensiva não só de Juraci, como também de Nino, da mãe de Nino e da mãe de Juraci, todos em busca de uma sonhada ilusão de completude. Já o pai de Nino faz pensar no pai da horda, aparentemente livre, déspota, arbitrário. Não temos seus dados de origem, mas podemos levantar a hipótese de que também ele estaria enredado nos avatares de sua triangulação primordial.

Nesse mesmo contexto insere-se a questão do colchonete. Ele sinaliza a fragilidade do vínculo conjugal entre Juraci e Nino e remete à modalidade de casamento das duas famílias de origem. Na de Nino, o pai tinha muitas vidas fora de casa, e Nino ocupava seu lugar na cama da mãe durante suas ausências. Deixar o filho ocupando seu lugar era a missão que o pai lhe atribuía e que ele executava com dedicação. Na família de Juraci, seu irmão doente dormiu com os pais até a adolescência, quando sua doença arrefeceu. Assim como o pai de Nino, o pai de Juraci dava sustentação e legitimava o lugar preferencial do filho junto à mãe, em detrimento de seu próprio lugar junto à mulher. Um colchonete para o pai era a solução natural para a problemática conjugal entre Juraci e Nino.

A rebeldia de Antônio

Antônio desejava ser amado pelo pai, mas é levado a ocupar seu lugar junto à mãe. Vitorioso sobre o pai, culpado por realizar seu desejo incestuoso, rejeitado por ele, como estabelecer uma figura de identificação masculina que lhe permita desligar-se do amor incestuoso em relação à mãe e organizar sua identidade de homem? "Quem manda em mim?", pergunta-se ele. Certamente nenhuma dessas figuras fortes femininas que povoam sua vida e às quais ele endereça sua rebelião, salvadora de sua identidade masculina. Sua repetição da rebeldia, persistente, firme e enérgica, salva-o (com a ajuda da análise) da prisão do desejo materno.

O que teria sustentado a rebeldia salvadora em Antônio? Provavelmente sua condição de identificação com a mãe, no desejo de serem amados por Nino. Nessa situação, Antônio tinha muito clara qual a direção principal do desejo de Juraci.

Ela sinalizava-lhe que seu objeto de desejo, de fato, era Nino. Assim, este se torna, também, o objeto de desejo (inalcançável) de Antônio. Dessa forma, chega-se a um precário estabelecimento da metáfora paterna, como abordaremos no próximo capítulo.

Neste capítulo, conhecemos a história da família Zandoni, que nos levantou inúmeras questões. Nos dois próximos capítulos, procuraremos, em alguns autores, os referenciais teóricos que nos permitam compreendê-la.

2.

INCESTUALIDADE ENQUANTO
PÁTHOS FAMILIAR

Vimos, no capítulo anterior, como uma relação de incestualidade do tipo aprisionadora estabeleceu-se entre Antônio e sua mãe, prejudicando o desenvolvimento deste na direção das escolhas exogâmicas próprias à sua idade e o aprisionando em um impasse angustiante e desorientador. Este impasse exprimia-se na atitude agressiva e rebelde de Antônio para com suas professoras na escola e para com a empregada que cuidava dele em casa e, também, na sua impossibilidade de estabelecer uma socialização adequada com seus colegas e vizinhos de prédio.

Neste capítulo, veremos como a Psicanálise nos auxilia na compreensão dos fenômenos incestuais. Aproveitaremos o relato sobre o caso do pequeno Hans como um posto privilegiado de observação dos avatares da incestualidade, tal como ela circulou naquela família e poderemos constatar, também, como há pontos em comum entre o caso Hans e com o que acontece na família descrita neste trabalho, especialmente no que se refere ao posicionamento ambivalente das duas mães em relação a seus filhos.

Em seguida, abordaremos como o desejo materno está implicado nessa problemática e como a experiência da gravidez marca, profundamente, as mentes de mãe e filho, favorecendo a possibilidade de uma relação incestual aprisionadora instalar-se entre ambos. Procuraremos, também, mostrar a face vital e necessária da incestualidade, referente especialmente ao processo de erogenização do bebê. Veremos, ainda, como o termo "incestualidade" refere-se, de fato, a um *páthos* inerente à família, para o qual cada membro dela dará sua resposta particular e única, resultante de suas próprias vivências e das vivências incestuais das gerações que o precederam.

Incestualidade e função do pai

As peripécias dos impulsos incestuosos do pequeno Hans

No caso do *Pequeno Hans*, de Freud (1909), e nos comentários sobre o tema, por Lacan (1956-1957), construíram-se desenvolvimentos teóricos fundamentais a partir das peripécias dos impulsos incestuosos de Hans, desenvolvimentos estes que vão ao encontro das questões clínicas que estamos aqui abordando. Como no exemplo relatado neste trabalho, podemos ali observar um inter-relacionamento familiar inevitavelmente mergulhado em desejos e trocas incestuais e sexuais interconectadas, assim como em seus também inevitáveis conflitos, recalcamentos, sublimações.

Freud descreve o desenrolar das teorias sexuais infantis de Hans, esforçando-se para construir representações e sentidos que deem conta, ao mesmo tempo, de como localizar sua inserção na família, já que seu lugar junto à mãe é ameaçado pela presença do pai e pela chegada da irmãzinha, e de como integrar, nesse mundo familiar que é o seu, as sensações prazerosas emergentes em seu "faz-pipi".

Em outras palavras, trata-se de acompanhar a constituição da psicossexualidade de Hans, imbricada que está no tipo de relação conjugal estabelecido entre seus pais e em conexão com a constituição psicossexual de Hanna, sua irmã que, embora não faça parte do relato de Freud, sabemos que está presente, com suas características específicas. Deve-se notar, também, que não fazem parte do relato as descrições sobre os "lugares psíquicos" que Hans e sua irmã ocupavam, ao nascerem, no imaginário de seus pais.

Voltando a Hans, este deverá encontrar as soluções de compromisso para as várias questões existenciais concomitantes com que se depara nesse momento de sua vida. Primeiramente, a crescente consciência das sensações prazerosas emergentes em seu "faz-pipi", associadas ao amor por sua mãe e seu desejo de expandir sua intimidade com ela. Temos aí o impulso incestual primitivo próprio do humano, no encontro dos obstáculos que o modelarão enquanto humano.

Os primeiros desses obstáculos serão tanto o impedimento à culminação dos anseios em relação à mãe que a presença do pai representa e o decorrente desejo de se livrar dele como o conflito com o amor que também sente por ele. Em Hans, a solução de compromisso para esse conflito passa pela formação de uma fobia a cavalos, o que evidencia a intensidade do *páthos* que aí se desenrola.

O segundo obstáculo é a competição com a irmã, que, por sua vez, passa por um processo equivalente. No relato de Freud, não temos acesso a essa outra dimensão da realidade familiar, que é a ocorrência, em Hanna, dos mesmos processos em sua versão feminina, e de seus efeitos representacionais em seus pais. De efeitos representacionais, só conhecemos os que o nascimento dela ocasionou em Hans. Sabemos, no entanto, que esses processos estarão ocorrendo concomitantemente ao que ocorre com Hans, e que, da mesma forma, seus pais serão chamados a ocupar os papéis principais.

Pode-se concluir, portanto, que a família de Hans, nesta fase, vive um complexo drama familiar, no qual tanto se estabelece a constituição subjetiva de Hans e Hanna como, ao mesmo tempo, reorganiza-se o relacionamento conjugal do casal parental, revolucionado que foi pela chegada dos filhos. Aqui se coloca também uma pergunta para a qual não há resposta no relato de Freud: como era a relação entre os pais anteriormente ao nascimento das crianças?

Freud ocupa-se de Hans e descreve as fantasias e conjeturas por meio das quais ele, referenciando-se nas falas de seus pais, vai criando representações sobre suas experiências do viver. Em suas comunicações singelas, acompanhamos a movimentação, progressiva e regressiva, de seus amores incestuais no caminho da, ainda longínqua, exogamia.

Hans está no momento de elaborar a consciência de que tem um "faz-pipi" e não consegue conceber que a mãe e a irmã não o tenham. Para ele, o de sua irmã crescerá junto com ela e o de sua mãe é grande como o de um cavalo.

Seu "faz-pipi" tem sensações que ele explora, e a mãe lhe diz que, se fizer isso, chamará um Dr. X que o cortará. Essa mãe não aproveita a pergunta "mamãe, você tem um "faz-pipi?" para esclarecer a diferença anatômica dos sexos e, todo-poderosa, ainda ameaça cortar o dele, caso ele insista em ali colocar os dedos.

Passando ao largo da discussão sobre as mudanças culturais a respeito da visão sobre a sexualidade que ocorreram de 1909 para cá, ainda assim podemos pensar: "que mãe estranha essa, ataca agressiva e invejosamente a virilidade de seu próprio filho!" Como também desconsiderará as tentativas (débeis) do pai de Hans de se interpor entre os dois, podemos deduzir que, na cabeça de Hans, haverá vários motivos para pensar o quão fortes são as mulheres: produzem bebês, sua mãe desconsidera as falas de seu pai, e a avó paterna é religiosamente visitada pelo filho, seu pai, nos fins de semana. Curiosamente, a mãe de Hans não acompanha o marido nessas visitas, e o que poderia se configurar como um evento familiar revela-se, de fato, uma relação dual do filho com a mãe, a ponto de Hans, no decorrer de suas fantasias, acabar por casar o pai com a avó, e se casar com a mãe. Dessa forma, Hans assiste a seu pai tendo com sua avó um tipo de relação que se está reproduzindo entre si e sua mãe.

Hans vai vistoriando quem tem e quem não tem "faz-pipi" em seu mundo imediato; sua sede de conhecimento, como nos ensina Freud (1909), é inseparável de sua curiosidade sexual, especialmente sobre o que se passa entre seus pais, embora o expresse de modo indireto; fala sobre os bichos, sobre seus companheiros de brincadeiras, sobre suas trocas com as empregadas da casa.

Sabemos que Hans dormiu no quarto dos pais até os quatro anos. Aqui podemos nos perguntar se Hanna também dormia lá. Seria essa a forma que a mãe encontrou de se descompromissar de uma vida sexual com o marido? Por outro lado, não se pode supor que Hans nada sabia das relações sexuais do casal, como, candidamente, assevera seu pai. Se nada viu e nada ouviu, o que é improvável, certamente intuiu, sentiu-se excluído, enciumou-se e se erotizou muito. Também queria ir para a cama da mamãe, como papai fazia. Esta o encorajava e se irritava com o marido que se opunha. Vitória e desorientação de Hans! É curioso como Freud não menciona esse fato, quando fala que é o não saber o que fazer com o acúmulo de excitação que deflagra a angústia e depois a fobia. O acúmulo de excitação, inerente ao natural crescimento de Hans, poderia estar bastante exacerbado pela presença permanente no cenário da cena primária, a fantasia inconsciente do coito dos pais.

A barriga da mamãe cresce, fica imensa, e nasce Hanna. O mundo de Hans se complica. Compete pela mãe com o pai e com a irmã. Sobre esta, afirma, de várias formas, que não quer ter uma irmãzinha. Por outro lado, identificando-se com a mãe, fantasia ter suas próprias crianças e cuidar delas com desvelo.

Hans tinha outros objetos de amor em algumas meninas de suas relações, sofria suas primeiras desilusões amorosas e as relatava aos pais; também expressava afeto por seus companheiros de brincadeira. Freud faz uma observação a respeito da necessidade de as crianças terem esses companheiros, como Hans tinha na casa de campo e não tinha em Viena; na cidade, sua libido ficava intensamente direcionada à mãe, e o conflito com seu pai e sua irmã acentuava-se.

É importante constatar como Freud (1915) assinala em seu texto sobre as vicissitudes das pulsões que estas necessitam do objeto; o objeto, porém, não é fixo: por deslocamento de sua função, pode ser substituído. Ou seja, a pulsão procura sempre seu objeto, não havendo a possibilidade de um vazio de objeto; troca-se de amores, mas há a necessidade da existência de um objeto de amor. Retornaremos a este tópico no capítulo 3. É por isso que na "economia" dos amores familiares há tanto drama, traições, desilusões e competição. E, muitas vezes, uma confusão desorganizadora entre os amores incestuais (entre pais e filhos e entre irmãos) e os amores sexuais genitais adultos. No exemplo de família relatado neste trabalho, a mãe, em muitos aspectos, substitui, defensivamente, a carência do amor do marido pelo amor do, e pelo, filho.

Desta forma, constatamos que, na casa de campo da família, com muitos companheiros de brincadeira, Hans quis que a amiguinha Marie dormisse com ele; ao ser impedido pela mãe, ele a enfrenta e diz que, então, vai dormir com ela. Temos aí um Hans identificado com o pai, que dorme com uma mulher. Na impossibilidade de ter a mãe, ele quer Marie; quer ser homem como o pai, em oposição a ter filhos como a mãe. Mas Hans precisa aprender que deverá adiar suas explorações sexuais exogâmicas. Ele é proibido de acompanhar suas amiguinhas ao banheiro; no entanto, é-lhe permitido (incentivado?) acompanhar sua mãe nessa mesma situação. Em Viena, sem os companheiros de brincadeiras que deslocassem um pouco o foco de seus interesses, o impasse de sua situação entre a mãe e o pai exacerba-se e faz eclodir a fobia. Não trataremos dela aqui, uma vez que estamos tão somente observando os avatares da incestualidade, tal como circula na família de Hans.

Assim, um dia, quando a mãe o está secando após o banho, ele pede para que ela ponha o dedo em seu "faz-pipi", o que ela estava, cuidadosamente, evitando fazer. Ela recusa-se e diz que isso seria uma porcaria. Mais uma vez, ela o confunde, ataca sua autoestima de homenzinho, em vez de lhe dizer que isso era algo que ele deveria esperar para fazer no futuro com sua namorada, apontando, de modo claro, que ela, por ser sua mãe, está impedida de fazê-lo. Essa mãe, ao mesmo tempo em que rejeita e ridiculariza os impulsos incestuais de Hans para com ela, também os excita, trazendo-o para sua cama e o levando para acompanhá-la ao banheiro; e, mais importante que isso, insurge-se irritada contra o pai que faz objeção a esses hábitos. Hans, como vemos, recebe mensagens desorientadoras da mãe. Ela o excita, ela o rejeita, ela é mais forte que o pai; onde Hans poderá "amarrar o barquinho" de sua identidade de homem? Aplica-se muito bem aqui o "*Che vuoi?*" "O que quer esta mulher de mim, afinal?" (Lacan, 1956-1957, p. 172)

O pai cede à mãe, não impõe seu lugar de homem a seu lado, não interdita a mãe para Hans. Parece intimidado pela mulher. Como mencionado acima, talvez também o seja pela sua própria mãe. De fato, a clínica mostra que a incestualidade, enquanto aprisionadora do desenvolvimento dos filhos, passa de geração em geração. Há uma sequência de mães que não permitem que a interdição ocorra e de pais que, por terem tido mães semelhantes e pais inseguros de seu papel, também não conseguem atuar como pais em sua função essencial de interdição.

Hans confunde-se, não sabe qual é seu lugar; oscila entre ser como a mãe que tem crianças e o pai que tem uma mulher na cama e faz crianças nela. Hans nem renuncia a essa mãe (que o confunde), nem se identifica com o pai, tão perdido diante da mãe como ele próprio. Seus impulsos sexuais, naturalmente emergentes na busca desorientada de um objeto, intensificam suas ansiedades, e ele encontra na fobia uma solução de compromisso. Hans tentava encontrar um sentido que o lançasse para uma outra posição na família, identificado ao pai como homem, e não como objeto fálico da mãe, manejado por ela a seu bel-prazer.

Podemos aqui fazer uma aproximação entre a situação de Hans e a de Antônio no que se refere ao papel desorientador (no sentido de ambivalente) que suas respectivas mães desempenham em suas relações com eles. Juraci não desautorizava o pai de Antônio, até porque ele se ausentava da relação do filho com a mulher; no entanto, colocava Antônio em situações de ocupar o lugar do pai, fosse na cama, fosse como companhia constante. Além disso, a intimidade com o corpo materno funcionava como um imã para Antônio, impedindo-o de buscar novos objetos. Ele estava sempre pronto para ficar "juntinho" da mãe, vendo TV na cama do casal, fazendo suas refeições com ela, partilhando de suas idas ao banheiro. Era-lhe difícil renunciar a essa intimidade que lhe era oferecida. Por outro lado, ela causava-lhe grande ansiedade.

Outro aspecto a ser considerado é a verdade de que, muitas vezes, os sintomas dos filhos refletem o sintoma do casal conjugal. Hans e Antônio estão, cada um, enlaçados nas estruturas emocionais de seus pais e em seus impasses conjugais, reagindo a eles sob a forma de sintomas.

Vimos, acima, como os impulsos incestuais primitivos próprios ao humano e que constituirão a base sobre a qual se dará a ligação primordial com a mãe, constitutiva do psiquismo, deverão encontrar obstáculos que impeçam sua culminação na realidade. O desejo da mãe pelo pai, e o fato de ela demonstrar ao filho (com muita delicadeza) sua insuficiência para preencher sua falta existencial, além da possessividade ciumenta do pai em relação a ela, são os caminhos que a Psicanálise indica como os mais diretos para a função dessa interdição necessária.

A função do pai é simbólica

Lacan (1956-1957), falando do trajeto masculino, como é o caso de Hans e também o de Antônio, explica, de forma muito clara, do que este se trata:

> Pai é aquele que possui a mãe, que a possui como pai, com seu verdadeiro pênis.[...] É preciso que o verdadeiro pênis, o pênis real, o pênis válido, o pênis do pai funcione, por um lado. É preciso, por outro lado, que o pênis da criança, que se situa comparativamente ao primeiro [...] reúna-se à sua função, sua realidade, sua dignidade. E para fazer isso é preciso que haja passagem por essa anulação que se chama o complexo de castração. Em outras palavras é na medida em que seu próprio pênis é momentaneamente aniquilado que à criança é prometido mais tarde ter acesso a uma plena função paterna, isto é, alguém que se sinta legitimamente de posse de sua virilidade. (p. 373)

Lacan nos está dizendo que pai é quem preenche o desejo da mãe, tendo relações sexuais com ela. Deixa muito claro que ao pai pertence o direito e o poder de chegar à culminação de seu desejo de homem com ela, e dá a entender que, entre o casal, se passa algo muito diferente do amor maternal que ela dirige a seus filhos. A estes resta partilhar o afeto maternal, dividindo-o com seus irmãos, e projetar para o futuro a possibilidade de ter uma mulher como "mamãe" só para si (ou um homem como "papai", quando se tratar de uma menina).

Ao lado da postura necessariamente triunfante do pai, no caso do menino, trata-se de, ao mesmo tempo, saber colocá-lo em uma posição de "sócio" dessa masculinidade a que ele assiste e se preparar, com a ajuda do pai, para exercê-la no futuro. Ele aprende que não há equiparação entre amor materno e amor sensual adulto. A esta constatação a Psicanálise chama de "castração simbólica", isto é, o pequeno pênis do filho é "aniquilado", no dizer de Lacan, mas com a promessa de um pleno exercício da masculinidade quando for grande como o pai. Para isso é necessário que o pai valorize a masculinidade do filho (evidentemente, a mãe também deve fazê-lo) e que este capte o significado de seu próprio pênis, referendado pelo pai. Ou seja, repetindo Lacan, que o pênis da criança reúna-se à função, à realidade e à dignidade do pênis do pai.

Lacan (1956-1957) acrescenta:

> A experiência nos ensina que, na assunção da função sexual viril, é o pai real cuja presença desempenha um papel essencial. Para que o complexo de castração seja pelo sujeito verdadeiramente vivido, é preciso que o pai real jogue realmente o jogo. É preciso que ele assuma sua função de pai castrador, a função de pai sob sua forma concreta, empírica. (p. 374)

Nessa conhecida passagem de Lacan, podemos acrescentar que se espera da mãe que jogue seu jogo "no mesmo time", e não "a favor do adversário", no sentido de saber e aceitar que um ponto de "basta" deve ser colocado às aspirações crescentes da criança em ter a mulher, que é a mãe, integralmente para si. A aliança da mãe deverá ser, claramente, com o pai, e não com o filho, para o bem deste. Trata-se aí de nada menos que o grau de saúde mental futuro da criança.

Nem tudo se passou dessa forma com o pequeno Hans. Nem o pai, nem a mãe jogaram o jogo como se deve. O desejo da mãe pelo pai não surge no relato do caso. Só sabemos que esse casal separou-se mais tarde. Hans dorme com os pais até os quatro anos, e sua mãe se irrita quando o pai tenta, debilmente, interpor-se entre ela e Hans, tirando-o de sua cama, questionando a pertinência da presença dele no banheiro com ela ou sugerindo que ela fosse mais criteriosa em sua troca de carinhos com o menino.

A mãe de Hans passa por cima dessas considerações e impõe sua lei. Ao mesmo tempo em que sinaliza para Hans que o pai não deve ser levado em conta, confunde as representações que o menino estará construindo em relação a seu "faz-pipi", ameaçando cortá-lo se nele o garoto puser os dedos, definindo como "porcaria" se ela nele tocar, além de não o esclarecer sobre a diferença anatômica entre os sexos, quando a oportunidade surgiu. Em suma, coloca-se como poderosa em relação ao pai, e desorientadora em relação à masculinidade do filho. Este, sentindo-se incapaz de satisfazê-la, algumas vezes quase "suplica" ao pai que cumpra seu papel, que tenha ciúmes dele com a mãe, que se aposse da mulher como homem, que interdite seus impulsos incestuais em relação a ela, enfim, que seja pai.

É assim que Lacan (1956-1967) entende seu sonho das duas girafas, sobre o qual Hans conta que havia uma girafa grande (o pai) e outra, pequena e amassada (a mãe), e que a grande gritava pela pequena que ele, Hans, havia-lhe tirado; em seguida, a grande parou de gritar, e, então, Hans sentou-se em cima da pequena (Freud, 1909, p. 37). Reproduzem-se nesse sonho as cenas de suas idas para a cama da mãe, apesar dos protestos do pai. Aparentemente, Hans sublinha sua vitória sobre o pai. Lacan (1956-1957), no entanto, aponta aí a necessidade de Hans de que o pai lhe imponha limites, o que nunca acontece, pois o pai sempre "para de gritar": não se encoleriza nem sente ciúmes, deixa o filho "sentar-se sobre sua mulher" e a vontade da mãe sempre prevalece sobre a sua. Assim se expressa Lacan:

> Trata-se com efeito para a criança, de retomar a posse da mãe, para grande irritação e até mesmo cólera do pai. Ora, esta cólera nunca se produz no real, o pai jamais se entrega à cólera e o pequeno Hans lhe sublinha isso: "Você deve estar com raiva, você deve estar com ciúmes". Explica-lhe o Édipo, em suma. Infelizmente o pai nunca está ali para fazer o papel do deus Trovão. (p. 269)

A fragilidade do pai em fazer valer seu desejo de homem perante a mulher e sua impossibilidade de colocar um ponto de "basta" explícito aos anseios incestuais do filho em relação a ela, aliadas à necessidade de Hans de dar, de alguma forma, um sentido para as sensações vitais emergentes de seu "faz-pipi", levam o menino a um impasse angustiante, e então ele desenvolve a fobia.

Referindo-se ao pai de Hans, Lacan (1956-1957) aponta: "Porque *Vatti* é perfeitamente gentil. [...] Se houvesse existido um *Vatti* de quem realmente se pudesse ter medo, teríamos ficado nas regras do jogo, teríamos podido fazer um verdadeiro Édipo, um Édipo que ajuda a sair das saias da mãe" (p. 354).

Essa expressão de Lacan, "um pai de quem se pudesse ter medo", parece bastante fora do contexto de nossos tempos, nos quais a regra é não frustrar os filhos para não "traumatizá-los", e menos ainda lhes causar medo. Lacan está se referindo, no entanto, à capacidade de colocar um impedimento explícito na busca da culminação da pulsão incestuosa por parte do filho. Sem esse impedimento claramente exposto, a criança se angustiará na procura repetitiva de qual é o limite, afinal, disso que ele procura sem saber do que se trata e para o qual é impelido por forças mais poderosas do que ele.

No entanto, a função interditadora do pai, ao mesmo tempo em que representa um corte, uma frustração constitutiva, é apaziguadora, pois sinaliza a inutilidade de uma busca repetitiva e empobrecedora pela mãe, abrindo espaço e energia para as alternativas exogâmicas:

> A intervenção do pai introduz aqui a ordem simbólica com suas defesas, o reino da lei, a saber, que o assunto, ao mesmo tempo sai das mãos da criança e é resolvido alhures. O pai é aquele com quem não há mais chance de ganhar, senão aceitando tal e qual a divisão das apostas. (Lacan, 1956-1957, p. 233)

Há aqui um aspecto de fundamental importância a ser levado em conta, referente ao que Lacan (1957-1958) chama de "ambientalismo". Considerações sobre o "ambiente" oferecido à criança, ao nascer e em seus primeiros anos, tais como se teve ou não teve pai, se o pai era "ausente", se a mãe era dominadora e quem ou o que exerceu a função paterna de corte, podem dar a entender que há uma relação direta (automática) entre o tipo de "ambiente" oferecido à criança e a forma como ela elabora sua passagem pela interdição, que a liberará para ser si mesma.

Veremos que não é disso que se trata. Mesmo sem pai presente e mesmo a criança sendo criada só pela mãe, a interdição pode perfeitamente ser instaurada. Além disso, como vimos no caso Hans, o pai era presente, e mesmo assim Hans precisou recorrer à fobia como forma de neutralizar, sintomaticamente, sua angústia diante do dilema: ser o objeto de desejo da mãe ou ser homem como o pai.

De que se trata, então? Segundo Lacan (1957-1958) "[...] é a partir de seu lugar no complexo que podemos compreender melhor o papel do pai" (p. 174).

Em primeiro lugar, o pai interdita a mãe ao filho, instaurando, como se diz, a proibição do incesto. O que o pai interdita? Em um plano concreto, o pai pode interditar as expressões dos impulsos incestuais da criança em relação à mãe que, a seu ver, ultrapassem certos limites, o que, obviamente, só ocorre com a conivência dela. O caso Hans aponta para essa situação e também para o fato de que as admoestações do pai foram aí inócuas para resolver a questão; a clínica nos oferece inúmeros exemplos semelhantes. Tratam-se de situações nas quais a criança encontra, na estrutura da mãe, um apoio para sua rebelião face à interdição. E aí se confunde, desorienta-se, perde o rumo.

Por outro lado, a mãe pode, perfeitamente, exercer sozinha a função concreta de interdição. Ocorre, no entanto, que a presença real do pai produz complexos efeitos inconscientes que também participam desse processo e que vão modelar, de forma determinante, a constituição subjetiva da criança. Lacan (1957-1958) aponta:

> É aí que o pai se liga à lei primordial da proibição do incesto. É ele o encarregado de representar essa proibição. Às vezes, tem que manifestá-la de maneira direta, quando a criança se deixa levar por suas expansões, manifestações e pendores, mas é para além disso que ele exerce seu papel. É por toda sua presença, por seus efeitos no inconsciente, que ele realiza a interdição da mãe. (p. 174)

Na medida em que a mãe é o objeto primordial para a criança, e o pai interfere na relação entre os dois, surge, da parte do filho, uma reação agressiva contra o pai. É essa agressividade que, projetada imaginariamente no pai, retorna como intenções retaliatórias do pai. Se a criança é um menino que começa a estar consciente das manifestações de seu "faz-pipi" e está muito preocupado em não perdê-lo, pois, afinal, existe quem não o tenha, o medo da castração faz todo sentido.

O caso Hans e a clínica mostram como o pai pode, muitas vezes, ter receio de interferir com maior firmeza no relacionamento da dupla mãe-filho, seja por medo de perder o amor deste, seja pela possibilidade de causar irritação nela, seja por se identificar com o filho nessa situação ou por, simplesmente, não saber como se interpor entre mãe e filho, provavelmente porque seu pai também não o soube.

Assim, aspectos agressivos inerentes à passagem pela interdição são minimizados e se tenta vivê-la somente se referenciando no afeto; ninguém quer magoar ninguém, como se fosse possível que uma passagem existencial de tal intensidade, ou seja, a frustração e a revolta de ter que renunciar à mãe como objeto do desejo, pudesse efetivar-se de forma unicamente amorosa. O que acaba por acontecer, como no caso Hans, é que a mãe permanece todo-poderosa na relação com a criança, o pai aparece como assujeitado à vontade desta e a criança fica sem ter em que se "agarrar" para sair do lugar de objeto do desejo da mãe e poder assumir seu próprio desejo.

Evidentemente, há amor envolvido nesse processo e é por meio dele que a função de interdição se conclui. Se há o medo da retaliação do pai, diante da agressividade que a competição pela mãe suscita, há também o amor, que é o que faz com que a criança possa renunciar à mãe e se identificar com o pai. No caso do menino, estabelece-se algo equivalente a: "Quando crescer, serei igual ao papai e terei uma mulher como mamãe". Segundo Lacan (1957-1958), trata-se de

> [...] tornar-se alguém, já com seus títulos de propriedade no bolso, com a coisa guardada e, quando chegar o momento [...] ele terá seu pênis prontinho junto com seu certificado: Aí está papai que no momento certo o conferiu a mim. (p. 176)

A forma pela qual se dá a interdição da culminação incestual com a mãe, seja qual for, deixará marcas indeléveis na criança e estabelecerá seu modo de lidar com vários aspectos de sua realidade. Além disso, não há possibilidade de se fazer essa passagem sem frustrar, sem privar, evitando sentimentos de competição, ciúme e inveja e sem suscitar impulsos agressivos e a culpa decorrente deles. Não há, para tal passagem, uma forma indolor, e toda forma deixará, inevitavelmente, sua marca. Trata-se de um evento dramático, legitimamente psicopatológico, na acepção que a psicopatologia fundamental dá a esse termo.

Função do pai é, portanto, a função de interditar os impulsos de culminação incestual da criança com a mãe, ao mesmo tempo em que a desaloja da posição de se perceber como o objeto que completa a mãe. O desejo da criança é ser tão intensamente desejada pela mãe como ela a deseja. No entanto, a mãe deverá ter outro desejo, para além da criança, que a complete de uma outra forma à qual a criança não tem acesso. Esta, então, percebe que o desejo da mãe não se completa nela, que ela não tem para dar à mãe o que esta deseja, e que, para satisfazer esse desejo, a mãe dirige-se ao pai. É ele quem detém o falo que a completa.

Lacan (1957-1958) indica que:

> [...] a estreita ligação desse remeter a mãe a uma lei que não é a dela, mas de um Outro, com o fato do objeto de seu desejo ser soberanamente possuído, na realidade por esse mesmo Outro a cuja lei ela remete, fornece a chave da relação do Édipo. (p. 199)

Ele continua, acrescentando que o que constitui o caráter decisivo de todo esse processo não é o pai em si, mas sua palavra de interdição, que a mãe respeita e a ela se submete. De fato, a entrada do pai só pode ocorrer por meio da fala da mãe, isto é, mediada por ela. O pai intervém a título de mensagem para a mãe e também para o filho. Trata-se de uma proibição dupla. Em relação ao filho: "[...] não te deitarás com tua mãe". E, em relação à mãe: "[...] não reintegrarás o teu produto" (p. 209).

Como vimos, no caso Hans, sua mãe não legitima a fala do pai, não se submete a ela.

Cabe aqui retomarmos a afirmação de Lacan (1956-1957) de que a expressão "função do pai" deve ser considerada enquanto função dentro do complexo de castração, pois, atualmente, falar em submissão da mulher ao homem gera um desconforto tal que acaba por anular a escuta do que de fato é importante. O fundamental é que a mãe deverá, sim, submeter-se à lei do pai no que se refere à interdição dela à criança, e que o pai deverá, igualmente, ser capaz de ditar tal lei. Problemas ocorrerão se, devido a determinadas características das estruturas do pai ou da mãe, essa função ficar impedida ou desvirtuada, por um, por outro ou por ambos.

É a direção do desejo da mãe para o pai que o colocará como objeto de desejo também para a criança. Ou seja, a mãe é substituída pelo pai como objeto de desejo da criança, estabelecendo-se este, para a criança, como um ideal a ser atingido, como aquilo que, por capturar o desejo da mãe, reveste-se de uma aura toda especial. No caso do menino, o pai se estabelece como a figura maior de identificação; no caso da menina, como aquele que detém o que ela, assim como a mãe, deseja para se completarem, ou seja, o falo.

Mais adiante em sua obra, Lacan (1962-1963, p. 365) acrescentará que o que dá ao pai sua autoridade é o seu desejo de homem, um saber sobre a causa de seu desejo. Ao pai, confia--se a função de saber, afinal, o que quer essa mulher. Ele é a primeira representação do sujeito suposto saber. Mas o que o pai sabe? Como apontou Nominé (2007): "Não se vai verificar, o pai está lá e ele, ao menos, deve bem saber" (p. 48).

É de uma forma simbólica que o pai, a partir das construções imaginárias da criança a respeito de sua função, assume seu posicionamento de interdição da mãe e de instituição da lei, chamada de lei do pai. Sem esta, a criança se veria à mercê de uma lei materna sem controle externo, a não ser os humores de benquerer ou malquerer da mãe. A criança ficaria, para sempre, assujeitada à vontade dela. Ao entrar nessa relação como terceiro, o pai libera a criança do assujeitamento ao desejo da mãe, abrindo-lhe as portas para um caminhar na direção de se assumir como sujeito de seu próprio desejo. É disso que se trata quando falamos na conquista progressiva de uma certa autonomia psíquica da criança em relação aos pais, o que lhe possibilita fazer escolhas exogâmicas. Aos poucos, a criança perceberá que a lei do pai é, de fato, a lei da cultura à qual o pai também estará sujeito. A função do pai, portanto, libera.

Para tanto, é necessário que tanto o pai como a mãe "joguem seu jogo" de acordo com as regras, isto é, que ambos tenham consciência de que, embora seja um fato que a criança nasça com um impulso vital primordial que lhe permite fazer o laço primeiro com a figura materna, laço este inerentemente sexual-incestuoso, ambos terão que, funcionando em sintonia, modelar essa tendência original, para que a criança passe da mãe para o pai e deste para si própria e para a vida.

No trecho acima, a palavra "consciência" é usada com ênfase especial, dado que, não importando o formato que uma determinada família venha a assumir, as regras permanecem, e, havendo a consciência delas, suplências e próteses podem estar disponíveis, permitindo a constituição psíquica viável da criança.

Como vimos acima, o pai é o portador de duas leis: "não te deitarás com tua mãe" e "não reintegrarás o teu produto". A criança, em seu fascínio da relação dual com a mãe, estará muito atenta em como esta reagirá ao posicionamento do pai: se o acatará, se o desacatará, se o confirmará, se o desconsiderará, se o ridicularizará, se o endossará, se o elidirá sub-repticiamente, enfim, tantas possibilidades quantas diferenças existem entre os seres humanos. Na combinação dos posicionamentos dos pais diante dessa interdição, surgirá boa parte da constituição subjetiva da criança. Lacan (2001) afirma: "O sintoma da criança está no lugar de responder ao que há de sintomático na estrutura familiar" (p. 373). Vimos como assim ocorreu no caso da fobia de Hans e, igualmente, no posicionamento rebelde e agressivo de Antônio, ambos sintomáticos da relação conjugal sintomática dos pais.

Neste trabalho são abordados os meandros mais comuns, corriqueiros, por assim dizer, da travessia, sempre psicopatológica, da incestualidade primitiva e necessária para a sexualidade genital, adulta e exogâmica. Observamos tratar-se de um trajeto repleto de intercorrências, tanto as originadas na relação conjugal dos pais e nas suas próprias vivências quando transitaram pelos mesmos caminhos da incestualidade, como às derivadas das características da criança, o que fará com que ela construa, de forma pessoal e única, este seu segundo nascimento.

Como sabemos, nem todas chegam a isso, perdidas que ficam por entre as brumas de trocas incestuais aprisionantes e empobrecedoras, algumas vezes com consequências muito graves. Por outro lado, o que estamos chamando de conquista progressiva de uma certa autonomia psíquica em relação aos pais, ou seja, a possibilidade de fazer escolhas exogâmicas em seu sentido amplo (e não só no aspecto amoroso), configura-se como um marco, construído a partir das interdições fundamentais.

Como se aplicariam os conceitos do Édipo e da castração simbólica, tratando-se de famílias consideradas "atípicas", ou do que tem sido chamado de "novas formações familiares"? A experiência clínica que embasa este trabalho refere-se ao atendimento de famílias nas quais há o envolvimento de ambos os pais, mesmo que vivam separados, ou seus substitutos; ou, então, de famílias nas quais as crianças são criadas predominantemente pela mãe, casos estes em que os conceitos aqui trabalhados apresentam-se de fundamental importância. Não há, no entanto, experiência com outros tipos de famílias, razão pela qual elas não serão aqui mencionadas.

Neste contexto, é importante considerar o que diz Lacan (1956-1957, p. 174) a respeito do fato de que a função paterna deve ser compreendida dentro do complexo de castração, ou seja, operando as interdições fundamentais constituintes do psiquismo. Desta forma, seja qual for o formato que a família assume, e seja quem for chamado a desempenhar o papel de mãe ou de pai, a função de interdição permanece, surgindo nesses casos, no entanto, a necessidade de que suplências e próteses sejam organizadas para suprirem os papéis faltantes.

Mesmo na clínica das famílias ditas "tradicionais", trata-se de encontrar o equilíbrio possível em cada circunstância, como se pode observar no caso relatado neste trabalho. Bleichmar (1980), interpretando o conceito de castração simbólica em Lacan, explica que

> [...] o pai real tem importância tanto maior quanto mais a mãe tenha tendência a conservar o filho no lugar do falo. Nesse caso, o pai real pode contrabalançar essa tendência. Por sua vez, se o pai real é totalmente incapaz de colocar-se à altura que exige sua função, a mãe poderá encontrar um outro elemento real ou imaginado do pai simbólico. Ou seja, o pai real é tão ou mais importante quanto maior seja a tendência da mãe de excluir o pai simbólico. Há circunstâncias em que o pai real para poder produzir a castração simbólica tem que realizar algo semelhante a uma verdadeira violação da dupla mãe-fálica/filho-falo. Trata-se de um encontrar um equilíbrio. O elemento terceiro real será tão mais importante quanto maior tendência da mãe a conservar esse papel e vice-versa. (pp. 73-74)

A busca do equilíbrio, como a elabora Bleichmar, aponta para uma flexibilização na função de interdição que, como vimos acima, pode ser exercida pela própria mãe. Esta encontrará meios de supri-la para seu bebê, seja porque a possui bem instalada dentro de si mesma, a partir do que recebeu de seus pais, seja porque uma suplência externa, como um padrasto, um avô ou um tio, pode ser chamada a cumprir essa função, na falta do pai.

O importante é estar atento aos dois aspectos envolvidos nessa questão, ou seja, que os impulsos incestuais da criança encontrem um ponto de "basta" em sua expressão e que a criança seja desalojada de sua posição de ser aquela que completa o desejo da mãe. É indiscutível, no entanto, que o exercício da função de interdição ficará sempre na dependência da disponibilidade da mãe para acatá-la, pois ela sempre terá os meios para neutralizá-la. Veremos, a seguir, de que se trata, afinal, esse desejo da mãe.

Incestualidade e o desejo da mulher: a boca do crocodilo

Depois de considerarmos a função do pai na organização dos impulsos incestuais primitivos da criança, veremos a questão do desejo incestual da mãe em seu sentido aprisionador.

Freud (1932b) afirma que a maternidade organiza o desejo da mulher:

> O desejo com o qual a menina se volta para seu pai é, sem dúvida, originalmente o desejo pelo pênis que a mãe lhe recusou e agora ela espera do pai. A situação feminina é somente

> estabelecida, no entanto, se o desejo pelo pênis é substituído pelo de um bebê, se um bebê toma o lugar do pênis, de acordo com uma equivalência simbólica ancestral. [...] É somente após a emergência do desejo pelo pênis que a boneca torna-se um bebê vindo de seu pai e a partir de então, o objetivo mais poderoso do desejo feminino. Sua felicidade será maior se, mais tarde, esse desejo por um bebê se realiza e, especialmente, se o bebê é um menino que lhe traz o tão desejado pênis. [...] Talvez devamos reconhecer que o desejo do pênis seja o desejo feminino por excelência. (p. 128)

E Freud conclui: "A mãe só experimenta uma satisfação ilimitada na relação com seu filho homem; essa é a mais perfeita, mais livre de ambivalência de todas as relações humanas" (p. 133).

Como sabemos, Freud, ao longo de toda a sua obra, sempre se preocupou com o que chamava de "o enigma do desejo da mulher" e acabou por concluir que, para ele, se tratava de um "continente negro" sobre o qual só os poetas teriam algo a falar (1932b, p. 135).

Passando ao largo dos inúmeros debates sobre essa questão, pôde-se constatar, um século mais tarde, como, para certo número de mulheres, a maternidade permanece como o organizador principal de seu desejo e de sua identidade. Essa tendência, mesmo em tempos atuais, confere à mãe um papel de destaque no desenvolvimento de situações familiares que podem dificultar, para os filhos, a conquista progressiva de uma autonomia psíquica condizente com sua idade cronológica.

No entanto, mesmo se seguirmos o pensamento de Freud, de que o desejo do filho é o desejo feminino por excelência, a clínica de família evidencia, assim como o caso relatado, que muitos outros fatores estão envolvidos nesse posicionamento da mulher. Entre eles, o abandono conjugal, a transmissão transgeracional de valores sobre a maternidade e a dificuldade para criar uma identidade paralela ao ser mãe contribuem para o estabelecimento do que, neste trabalho, estamos chamando de incestualidade materna aprisionadora.

Um componente fundamental nesta questão seria a capacidade da mulher de poder sustentar a regressão psíquica necessária para suprir as necessidades incestuais primitivas de seu bebê ou filho pequeno, e poder fazer o caminho de volta e atender a seus outros desejos. A mãe, por motivos decorrentes da forma como experienciou seus próprios vínculos primitivos, pode ter a necessidade de neles permanecer, revivendo-os por intermédio de seu filho. Trata-se, aí, de um aprisionamento para ambos, às vezes com graves consequências.

Outro aspecto que deve ser lembrado é o fato de a criança pequena oferecer à mãe uma qualidade e uma intensidade de amor que jamais serão encontradas em nenhuma outra relação afetiva. Renunciar a ele, para que a criança possa desenvolver "outros amores", requer da mãe um intenso trabalho de luto, nem sempre exequível para muitas delas. Nesse contexto, cabe assinalar o que se poderia chamar de abuso incestual, situação característica dos aspectos aprisionadores da incestualidade materna. No capítulo 3, retomaremos a questão do luto e da melancolia na maternidade.

Uma última observação a partir das colocações freudianas citadas acima: se no inconsciente da mulher permanece o desejo de menina de ter um filho do pai, todo amor sexual adulto seria, no fundo, sempre incestual. Com os remanejamentos evidentes, o mesmo aconteceria com o homem. Como disse Freud (1905), o amor adulto é nada mais do que o reencontro do amor infantil: "Há boas razões para que uma criança sugando o seio da mãe torne-se o protótipo de toda relação de amor. O encontro do objeto é, de fato, um re-encontro dele" (p. 222). E, mais adiante: "A afeição de uma criança por seus pais é, sem dúvida, o traço infantil mais importante que, depois de ser reavivado na puberdade, aponta o caminho para sua escolha de objeto" (p. 228).

A afirmação de Freud de que o desejo da mulher é o filho (ou seja, que mulher e maternidade se sobrepõem) foi contestada por diversos autores e, de modo especialmente passional, pelas feministas. Lacan, em vários momentos de sua obra (1958, p. 692), dela se ocupou. Soler (1998), como intérprete mulher do pensamento lacaniano, fez uma articulação do pensamento dos dois autores sobre essa questão:

> Para Freud, a mulher compensa sua falta fálica através de um filho; disso resulta que o desejo propriamente feminino torna-se o desejo do filho. Há uma sobreposição freudiana

da mulher sobre a mãe. Já Lacan faz do filho um possível *objeto a* para uma mulher, mas situa alhures o mais-gozar propriamente feminino, criando um hiato entre mulher e mãe. Ainda que a criança, como resto da relação sexual bem possa parcialmente obstruir a falta fálica na mulher, ela não é a causa do desejo sexuado feminino. É o órgão viril, transformado em fetiche pelo significante fálico, que preenche essa função. (p. 201)

Essa articulação é importante para o tema aqui desenvolvido, pois, se o desejo da mulher é o filho, como se poderia operar a disjunção "desejo da mãe pelo filho" e "desejo do filho pela mãe", necessária ao "vir a ser" da criança? Em outras palavras, como entraria o pai? Vimos, acima, que o pai só entrará se mediado pela fala da mãe, o que, portanto, indica que sua entrada é, no mínimo, complexa.

De toda forma, se a maternidade não é o único organizador do desejo feminino, ela pode, no entanto, aparecer enquanto tal, o que por si só sinaliza possíveis descaminhos em seu funcionamento. Encontramos na literatura psicanalítica um sinal de alarme em relação aos possíveis perigos envolvidos na função materna, expresso por alguns autores.

Lacan (1969-1970), em uma expressão conhecida em seu Seminário 17, não economiza na expressão do perigo envolvido: chama esse fenômeno de "a boca do crocodilo", referindo-se ao fato de que somente o "rolo de pedra", representado pela função paterna e colocado entre as mandíbulas do crocodilo-mãe, poderia impedir que o filho fosse engolido por ela. De acordo com seu raciocínio, a criança permaneceria aprisionada na identificação com o falo da mãe, sem acesso ao desejo próprio a não ser por meio da mediação da função paterna, protetora de sua constituição subjetiva. O uso da expressão "boca do crocodilo" traduz a intensidade do poder e da violência que está em jogo nessa situação.

Lacan expressa da seguinte forma:

> O papel da mãe é o desejo da mãe. O desejo da mãe não é algo que se possa suportar assim, que lhes seja indiferente. Carreia sempre estragos. Um grande crocodilo em cuja boca vocês estão. A mãe é isso. Não se sabe o que lhe pode dar na telha e de estalo fechar sua bocarra. O desejo da mãe é isso. No entanto, há algo tranquilizador. Há um rolo de pedra, é claro, que lá está em potência no nível da bocarra, e isso retém, isso emperra. É o que se chama falo. É o rolo que os põem a salvo se, de repente, aquilo se fecha. (p. 105)

Como já mencionado acima, Lacan (1957-1958) aponta para o papel interditador (e salvador) do pai enquanto detentor do falo, objeto de desejo da mãe (p. 209). A criança é, então, profundamente sacudida de sua posição de sujeição ao desejo da mãe, tanto quanto o objeto de desejo da mãe é questionado pela interdição paterna. É assim que a função do pai pode "salvar" a criança da "boca do crocodilo", metáfora do desejo incestual aprisionador da mãe.

Sob outro aspecto, Roudinesco (2001), em seu diálogo com Derrida, fala do perigo do "maternalocentrismo", isto é, do perigo do poder materno sem limites da sociedade atual. Diz a autora:

> [...] penso que o antifalocentrismo militante está sempre fadado, apesar de suas boas intenções, a valorizar um poder maternalocentrista, ou nihilista, tão temível quanto o falocentrismo que pretende abolir. [...] um poder tanto mais fálico na medida em que será exercido como um revide e, sobretudo, como um simulacro de uma conquista da feminilidade, ou do gozo ilimitado, de que as próprias mulheres correriam o risco, a longo prazo, de serem as principais vítimas. [...] Lutamos pela igualdade e pela emancipação. Mas a experiência psicanalítica mostra que o poder exercido pela mãe sobre a criança e sobre o bebê pode revelar-se tão destruidor e até ainda mais temível do ponto de vista do psiquismo, quanto o de pais tirânicos. Gostaria muito de que as mulheres, em vias de se tornarem todo-poderosas nas sociedades democráticas, atribuíssem um novo lugar aos pais que aceitaram a ferida narcísica da partilha de seus antigos privilégios. Caso contrário, o que lhes irá acontecer e o que irá acontecer aos homens? (pp. 232-233)

Há um evidente tom de perigo nas considerações sobre o poder da função materna nos autores pós-freudianos. No entanto, em sua vertente benéfica, essa é a função responsável pela constituição do psiquismo da criança. Como é próprio da psicanálise, os pares de opostos, benéfico e mortífero, caminham sempre juntos enquanto forças antagônicas, que se opõem na busca de um equilíbrio, no entanto, sempre evanescente.

É diante desse poder da função materna que intervém o que a cultura e a psicanálise chamam de "interdição do incesto", um corte organizador, tanto para o indivíduo como para a sociedade. É ele que organiza a busca de objetos exogâmicos e a diferença geracional e sexual. Ele instaura, também, a necessidade de um penoso trabalho de luto que, como esta pesquisa procura mostrar, refere-se não somente à criança, ou à mãe, ou ao pai, mas à forma como os inter-relacionamentos familiares podem ou não dar sustentação para que os lutos ocorram. Não há como evitá-los. Voltaremos ao tema dos lutos no capítulo 3.

Veremos agora um autor que, estudando a questão da incestualidade por meio de uma leitura psicanalítica, focaliza-a em seus aspectos mais primitivos, a partir das vivências gestacionais; estas se situam no nível do sensorial, do inefável, do pré-representacional e, muitas vezes, esse conteúdo difícil de ser simbolizado pelas mães acaba por invadir a criança, como restos não metabolizados por elas. É exatamente nesse terreno precoce que se dá o entendimento de Naouri sobre a questão, como veremos a seguir.

A mãe e a experiência da gestação

Nos dois itens anteriores, abordamos a questão de como o pai exerce uma função imprescindível ao promover a interdição dos impulsos incestuosos da criança em relação à mãe, desalojando-a, ao mesmo tempo, de seu lugar imaginário de objeto que completa a mãe.

Abordamos também a questão do desejo materno que, em consequência da própria estruturação do psiquismo da mulher, organiza-se por meio da substituição do desejo pelo pênis do pai (objeto maior de desejo de sua mãe) pelo desejo de ter dele um filho (como aconteceu com sua mãe). Dessa forma, o desejo da maternidade tornar-se-ia o desejo organizador do psiquismo da mulher, em Freud, ou um poderoso desejo de completude fálica da mulher, em Lacan, desejos estes primitivos e inconscientes, em busca de uma simbolização que os humanize.

Veremos agora como Naouri (2000), pediatra e psicanalista, partindo da experiência gestacional, tanto para a mulher como para o bebê, constrói a noção de *propensão incestuosa natural da mãe*, deslocando o foco de sua atenção para os fenômenos mais primitivos, para o que poderíamos chamar de relação mulher-fêmea/bebê-cria, também em busca da simbolização humanizadora.

A contribuição desse autor é importante na medida em que, partindo de conhecimentos oriundos dos avanços da medicina fetal, propõe novas possibilidades para a compreensão de fenômenos que se situam aquém da representação e que, de toda forma, participam da constituição da relação mãe-bebê.

Cabe aqui uma observação a respeito do uso da palavra "natural", sempre problemática. Como diferenciar o que é natural do que é construído psíquica e socialmente, no humano? Pensamos, no entanto, que Naouri usa essa palavra no sentido de uma decorrência lógica dos fatos da gestação, tal como ele os descreve, no que se refere tanto à mãe quanto ao bebê, e não no sentido de natureza.

Naouri (2000) atribui à jovem mãe uma propensão a reintegrar psiquicamente a própria cria, em função da natureza dos fatos físicos e psíquicos envolvidos na vivência corporal da gestação, tanto para a mãe como para o bebê; essa propensão também decorre da forma como se deu a elaboração psíquica dessas vivências nas várias gerações da família.

O posicionamento inicial da mãe com seu bebê é inerentemente paradoxal para ela, no que se refere à distinção eu-outro, e o autor dá o exemplo, que lhe é familiar, de que o sintoma (físico) do bebê é falado ao pediatra pela boca da mãe. Essa maneira de ser tem suas consequências. Classicamente, ela é vista como restrita somente à fase diádica, isto é, aos primeiros meses da vida. E a maioria dos autores propõe que ela se modifica profundamente em seguida, até desaparecer por completo. No entanto, Naouri (2000) afirma que, em sua experiência, ela persiste idêntica, em todas as idades, nos dois sexos e em todas as estruturas. E ele afirma categoricamente:

> As condições susceptíveis a assegurar a uma criança, desde o nascimento e para a vida toda, a melhor saúde física e o melhor equilíbrio mental possíveis são estreitamente e exclusivamente dependentes do respeito manifesto ou latente que cada um de seus dois pais marca a respeito da lei de interdição do incesto. (p. 92)

O autor repete o que Freud já anunciara (1916-1917, p. 337): que a saúde mental do indivíduo está diretamente relacionada com a forma como ele elaborou seu conflito edípico. O que Naouri está reenfatizando é o aspecto intersubjetivo dessa elaboração, que dependerá da capacidade dos dois pais de simbolizar a alteridade do sujeito-criança.

Naouri (2000) passa, então, a falar da relação mãe-bebê a partir de sua óptica médico-psicanalítica. Ele aponta:

> [...] as consequências da relação diádica mãe-bebê que, como já dissemos, não se restringem à primeira infância, e sua resolução, colocam sempre, para cada um, seja ele homem ou mulher, e ao longo de toda sua vida, problemas consideráveis. Vou tentar trazer à compreensão fenômenos biológicos propriamente humanos para os quais a clínica é capaz de fornecer uma tradução "linguageira". Abordarei a relação diádica, paradigma de toda relação ulterior, segundo dois eixos que a compõem, mesmo sabendo que ao operar uma clivagem assim artificial atenuo consideravelmente a violência do que se passa na realidade. (p. 93)

O primeiro eixo da relação diádica é o que acentua a vida fetal, da qual pouco se conhecia há poucas décadas. Entre a 10ª e a 24ª semana de gestação, o feto desenvolve com grande rapidez a interconexão e os desempenhos de suas áreas cerebrais sensoriais, o que implica, desde essa fase, um sistema relacional relativamente elaborado.

Assim, a sensibilidade táctil e a sensibilidade vestibular (a que permite determinar sua posição no espaço) o tornam capaz de determinar sua própria posição no útero e, igualmente, as posições que sua mãe pode tomar, assim como todas as características da maneira singular com que ela se move.

O desenvolvimento dessas duas sensibilidades é seguido de perto pelo da sensibilidade olfativa, bem mais sensível nessa fase do que ela jamais o será no decorrer da vida aérea. O nariz do feto é dotado de um órgão que regride até desaparecer no final da gravidez: o órgão vomeronasal, capaz de perceber o odor das moléculas químicas dissolvidas no líquido amniótico. Assim é possível, para ele, perceber e memorizar o odor próprio de sua mãe, aquele que ele reencontrará mais tarde sobre toda sua pele e, sobretudo, nas axilas, na raiz dos cabelos, no entorno mamelonário e nas primeiras gotas de colostro. Mas ele possui também a capacidade de sentir o odor dos alimentos que sua mãe come, o tabaco que ela fuma ou o perfume que ela usa.

Essa percepção olfativa entra em estreita comunicação com o gosto das moléculas que transitam pelo líquido amniótico, do qual o pequeno faz um consumo profuso. Pode-se dizer, a esse respeito, que o feto participa, durante longos meses, das refeições de sua mãe, de suas preferências e repulsões.

A audição, por sua vez, não está parada. O universo sonoro uterino foi comparado a um *hall* de estação ou de aeroporto. Os borborigmos digestivos, os batimentos cardíacos e o sopro da corrente sanguínea nos grandes vasos compõem o surdo rumor que se imagina. Ele trará efeitos no reconhecimento da voz materna. Experimentos demonstram que, desde o nascimento, o bebê é capaz de discriminar a voz de sua mãe, da qual o feto registrou as características melódicas, distinguindo-a de todas as outras.

Sobre a visão, sabe-se que ela não é funcional no obscuro meio intrauterino, mas que estará pronta para funcionar na chegada ao mundo aéreo. As informações que ela recolhe untam-se às outras percepções: a confluência do odor, do gosto, da voz e da maneira de ser carregado faz com que um bebê de apenas algumas horas seja capaz de memorizar o rosto de sua mãe, desde que ele o possa olhar na zona de nitidez de sua visão, ou seja, em torno de seis centímetros.

Devemos compreender, portanto, que:

1º) O recém-nascido, quando vem ao mundo, já experienciou vários meses de vida relacional, certamente rudimentar, se a julgarmos a partir da que estabelecemos por meio da linguagem, mas rica de uma experiência sensorial incontestável;

2º) As informações que transitam até aos órgãos sensoriais do feto o fazem sob um ritmo, antes de tudo, definido pela descontinuidade. Há a vigília e o sono materno, a refeição e o jejum, o movimento e a imobilidade, a palavra e o silêncio. Não é impossível que essa descontinuidade seja o germe do que permitirá, em seguida, a adaptação ao ritmo circadiano e inscreverá a consciência, certamente confusa, mas de toda forma possível, do escoamento e da escansão do tempo;

3º) As aferências recebidas pelos órgãos dos sentidos e registradas pelas áreas sensoriais do cérebro do feto são de fato provenientes, todas e sem exceção, do corpo materno, e somente dele.

Naouri (2000) propõe que

> [...] no plano sensorial, que vai contribuir primeiramente para a edificação de seu sistema relacional, o recém-nascido é literalmente programado pelo corpo da mãe e somente por ele. E conservará, para tudo que se manifesta dele, uma sensibilidade tal que lhe permitirá, durante sua vida, captar sem recurso da linguagem as mensagens as mais tênues provenientes de sua mãe. A mãe é para o recém-nascido uma forma de "aquisição", graças a qual ele pode investir, como esperamos que o faça, o mundo que o cerca. A comunicação transita por meio de comunicações infra-liminares do tônus muscular materno e de seu gestual que não é, nem mais nem menos, que seu inconsciente colocado em ato. (p. 98)

Temos aqui uma afirmação forte do autor no sentido da intersubjetividade: o inconsciente da mãe, colocado em ato por meio da comunicação infraliminar com seu bebê, literalmente programará seu sistema relacional e, portanto, podemos acrescentar, sua maior ou menor possibilidade de elaborar seu vínculo com ela.

Voltando ao desenvolvimento fetal, sabemos que as sensorialidades táctil e vestibular são as que têm um desenvolvimento mais antigo, e o adulto explora seus desempenhos (como, por exemplo, os que permitem perceber um aperto de mão ou uma pressão sobre o braço, sem falar no que se experimenta nas relações amorosas). Se essa via de comunicação guarda ainda para os adultos tamanha importância, agora que está enredada na comunicação "linguageira", pode-se imaginar seu papel na ausência de toda linguagem.

Dessa forma, a programação inicial da relação sensorial deixa sobre o indivíduo um traço que se comprova indelével. Não se trata de um traço neutro, ou fixo; nem é, tampouco, um vestígio inofensivo dotado de um simples estatuto historizante e passageiro. Ao contrário, segundo Naouri (2000), "[...] é um traço vivo como nunca e que refrata para cada um durante sua vida e, muitas vezes apesar dele, a maioria de suas percepções ulteriores" (p. 99).

O fio sensorial transnatal, tecido entre o bebê e sua mãe, vai balizar de ponta a ponta seu mundo perceptual, participar da edificação de um verdadeiro sistema de segurança e

> [...] conferir à infância o caráter consolador no qual se nutre toda a nostalgia. [...] nessa programação sensorial temos o elemento constitutivo primordial da tentação incestuosa

> sentida por cada um do par, a ponto de haver a necessidade
> de uma lei que interdite sua passagem ao ato. (p. 99)

O segundo eixo da relação diádica é aquele que Naouri chamou de propensão incestuosa natural da mãe e que, para ele, é parte integrante e essencial do desejo feminino.

Vimos acima como Freud, partindo da equação simbólica pênis-filho, estabelece que a maternidade é o objeto mais poderoso do desejo feminino. Freud tece suas considerações no campo representacional, partindo do significado do falo no desenvolvimento da criança. Veremos como Naouri propõe uma lógica materna peculiar, embasada na experiência corporal da gravidez. Ele usa inclusive a expressão "função materna animal da mãe", como veremos logo adiante.

A gravidez não é um acontecimento anódino ou sem consequências na vida de uma mulher. É uma etapa de importância tão considerável que vai inevitável e profundamente revirar sua psique. Ela é, antes de tudo, a realização longamente esperada da promessa feita pela anatomia e pela fisiologia ao corpo feminino. Mas ela comporta efeitos sobre o corpo que exacerbam características de comportamento, ao ponto de conferir-lhe uma lógica que nada mais poderá apagar.

O corpo materno coloca-se por meses ao estrito serviço do corpo fetal, antecipando o conjunto de suas necessidades a ponto de satisfazê-las antes mesmo que elas se exprimam. É deste desempenho que depende, no plano concreto, o bom desenvolvimento dos acontecimentos, e é deste mesmo tipo de desempenho que procederá, então, durante toda a vida, a função materna.

Esta lógica da gravidez vai se prorrogar com maior nitidez nas primeiras semanas e nos primeiros meses de vida do bebê. É uma etapa, em princípio, relativamente breve, mas que o autor considera fundamental e à qual dá muita atenção em sua clínica, "[...] procurando o menor indício para se aventurar numa história que não demanda outra coisa que se dizer, evitando, assim, o que se arrisca pesar sobre seu novo pequeno paciente" (p. 104).

Aqui, Naouri sublinha-nos o esforço que faz para compreender as dificuldades das mães que acabaram de parir, no sentido de elaborar, simbolicamente, a experiência humana-animal pela qual há pouco passaram. E dispõe-se a ouvi-las, no intuito de que fragmentos não elaborados dessa experiência acabem por instalar-se na vivência delas com seus bebês.

A experiência recente e propriamente fundadora do corpo feminino vai se aprofundar e a função materna animal da mãe vai ocupar todo o primeiro plano, ao ponto de não deixar lugar para nenhuma outra. Isso porque, assim como o corpo da gravidez evitou a eclosão da menor necessidade, o corpo materno trabalhará para satisfazer tudo o que pode descobrir como carência.

Se é verdade que essa solicitude permite à criança, parte recebedora do sistema, elaborar suas referências de segurança, ela tem por inconveniente fixar-lhe a ideia de que sua mãe é todo-poderosa, que não lhe recusa nada e que seu desejo é que nada lhe falte.

À medida que essa solicitude se desvia para o excesso que a ameaça sempre, fabricará o que o autor chamou de "bebê-rei". Diz ele que, nas últimas décadas, nossa sociedade parece querer fazer deles seu emblema, porque se orgulha, na lógica consumista a que está aderida, de que nunca falte nada a seus bebês. Naouri a chamou de sociedade "efeito-mãe", para mostrar a consequência do que ele vinha pregando. Aquele a quem tudo falta é cuidadosamente escrutinado para ser imediatamente satisfeito, de modo que não lhe possa surgir nenhuma forma de desejo: "A solicitude será, nem mais nem menos, que paredes extensíveis ao extremo de um útero tranquilizador, pois o sistema de aliança mútua permitirá o viver como permanentemente pleno e definitivamente destinado a aí permanecer" (p. 107).

Esse comportamento da mãe deve ser compreendido como a prorrogação sobre o bebê, independente de seu sexo, da lógica da gravidez.

Essas mães

> [...] recusam metaforicamente, à sua criança a simples possibilidade de sair delas, condenando-as assim a habitar para sempre em seu nicho uterino extensível ao infinito. Diante da impossibilidade de recolocar dentro de si um corpo que não cessa de crescer, elas o sufocam, literalmente, com sua superproteção. (p. 108)

Liberada a si própria, sem freios e sem contrapesos, essa propensão acaba sempre por tornar-se, ao longo do tempo, propriamente mortífera. Segundo o autor, a explicação psicanalítica para essas situações, o complexo de Édipo, não é suficiente, pois dá a entender que o Édipo pode ser resolvido ou ultrapassado. Naouri argumenta que, na realidade, isso nunca acontece.

Para ele, o Édipo é, antes de tudo, a consequência dessa propensão incestuosa que recobre o desenrolar-se de uma historia de amor infinitamente trágica, da qual nunca alguém se recupera. O objeto de amor, tanto para o menino como para a menina, é essa mãe todo-poderosa, toda devotada, e somente ela. Mesmo que um e outra possam encontrar um dia a metáfora paterna e adaptar-se à sua incontornável realidade, nem por isso deixarão de passar o resto de suas vidas esperando sua desaparição.

Quanto ao pai, mesmo que seja admiravelmente dotado para a tarefa que dele se espera, ele próprio não poderá fazer nada para tirar suas crianças desse debate doloroso. Como em uma história de amor, cabe ao objeto de amor, e somente a ele, fazer o corte. Cabe à mãe claramente significar a seu filho, ou à sua filha, que ela possui outros horizontes além deles, e que, em termos de objeto de amor, tem ao pai deles, o que traz consigo o mérito de colocar esse pai em um lugar salvador para todos.

Falando sobre o incesto, Naouri (2000) diz que, quando as atitudes incestuosas fixam-se e começam a reproduzir-se ao seu idêntico, terminam, ao longo das gerações, por deslizar, imperceptivelmente, da propensão incestuosa ao ato incestuoso propriamente dito. Este constitui uma confluência trágica entre o que vêm das gerações precedentes e o que se arrisca a repercutir violentamente nas gerações seguintes (p. 117).

A razão para a tentação do incesto concernir a cada um e despertar, ao mesmo tempo, uma repulsa misturada com terror estaria no traço deixado pela travessia da gestação. As diferenças em sua expressão devem-se à função da repressão que se exerceu sobre a propensão maternal incestuosa. Como o exercício dessa repressão pode não vir espontaneamente da própria mãe, ela é necessariamente relançada a uma instância estrangeira ao casal mãe-bebê. Naouri aponta:

> Essa instância pode, evidentemente, ser o pai, o qual a psicanálise ensina que é quem dita a lei do interdito do incesto à qual ele mesmo está submetido. Mas um pai pode ficar muito tempo envolvido na relação incestuosa com sua própria mãe e não poder preencher seu papel corretamente. O corpo social, lembrando a universalidade e a importância da lei virá então sustentá-lo, colocando a criança ao abrigo dos danos da tentação. (p. 122)

Vimos aqui como Naouri, partindo da experiência da gestação, tanto para o bebê como para a mãe, compreende fenômenos muito primitivos que passam a constituir a base sobre a qual se construirá a relação mãe-bebê. Ele aponta que as marcas dessa relação primitiva e constitutiva são indeléveis para ambos, indicando, assim, uma possível tendência aos descaminhos incestuais. Segundo o autor, o corpo materno coloca-se, por meses, ao serviço estrito do corpo fetal, antecipando o conjunto de suas necessidades antes mesmo que elas se exprimam. Essa é a lógica da gestação, que fundará a função materna daí para frente. E a resolução do Édipo não apaga as marcas, nem as demandas dessa experiência primitiva.

Na introdução deste trabalho, chamamos de paradoxo materno a realidade existencial de que a maternidade exige da mulher a capacidade de sustentar a noção de alteridade de outro ser, que nela habitou e, literalmente, dela se alimenta. Desta forma, tomada pela natureza, a mulher deverá construir representações que deem conta de seu duplo pertencimento: humano-simbólico e fêmeo-biológico. Nessa confluência, deflagram-se, simultaneamente na mãe e no bebê, processos de construção das duas alteridades, no embate de forças antagônicas e totalmente imprescindíveis para a constituição do sujeito-filho.

Solicitada em todo seu ser, a mãe caminha bordejando precipícios psíquicos: o investimento na sobrevivência física do bebê, a doação amorosa que o humanizará e o equilíbrio entre o necessário e o excessivo, o vital e o mortífero. Esse caminho é construído por descaminhos e retificações que, apesar de toda a parafernália científico-informativa disponível para a mulher-mãe atual, não solucionam o fato inelutável de que cada criança é ela própria desde a concepção. Com essa criança, a mãe escreverá uma história originária em parceria, consciente de que não pode errar muito. Erros e acertos estarão inscritos, por assim dizer, na carne – ou melhor, no corpo – de ambas.

E aqui está um dos aspectos do paradoxo materno: espera-se da mãe que mergulhe nessa experiência inerentemente passional, conquiste o amor-paixão de seu bebê por ela, condição essencial para a constituição subjetiva dele e, em seguida, saiba aos poucos desiludi-lo, informando-o que ele deverá adiar sua realização amorosa, que, já sabemos de antemão, nunca será satisfeita, mas, de toda forma, será o motor da busca futura.

Se, portanto, do lado do bebê trata-se do movimento ser seduzido/ser desiludido, frustração da qual "ninguém se recupera nunca", no dizer de Naouri (2000), de que se trata no que se refere à mãe?

Primeiro e acima de tudo, que ela tenha a possibilidade de viver essa entrega amorosa, o que, por si só, não está garantido. Dependerá de muitos fatores, especialmente da qualidade de maternagem que recebeu de sua própria mãe e da possibilidade, sempre ambivalente, de se identificar com ela. Mas o que estamos discutindo neste trabalho é o passo seguinte: como viver, na intensidade "suficiente" para a criança, uma experiência amorosa de seduzir para, em seguida, desiludir, de dar para tirar, de se entregar para se conter? Para ser boa mãe, deverá amar sensual e intensamente. Se conseguir entregar-se a essa experiência, de modo a ter seu bebê completamente seduzido por ela, seu amor poderá tornar-se, então, mortífero para a possibilidade de sua constituição subjetiva.

Outra faceta do paradoxo é visível no cotidiano da clínica: a função materna é de tal forma absorvente do ser da mãe que não deixa espaço para nenhuma outra função, inclusive a conjugal. Concentrada na libido maternal, a jovem mãe vê-se esvaziada do desejo sexual adulto (psíquica e hormonalmente falando) e "espera" de seu companheiro uma atitude equivalente à sua. Ela o desinveste pulsionalmente e o destitui enquanto homem, relegando-o a um lugar fraterno. Raivoso e culpado, ele, de alguma forma, retira-se da arena. Como ele, o pai, poderia negar algo tão sublime a seu próprio bebê?

Temos nessa fase, por vezes, outro paradoxo observado na clínica de casal: a busca extraconjugal como solução do impasse para o homem, em uma época em que a modificação da situação social da mulher já não prevê a aceitação submissa da infidelidade masculina. Um desencontro existencial do casal difícil de harmonizar. Há aí uma grande virada psíquico-orgânica que a jovem mãe deverá organizar para si própria, se quiser conservar os dois amores que conquistou, ou seja, o companheiro e o bebê.

Cabe aqui enfatizar que, se do lado da criança estamos diante das elaborações iniciais dos esforços na direção da vida, requer-se da mãe uma possibilidade de movimentos regressivos significativos e de retorno deles em alternâncias rápidas, sequências nem sempre viáveis para o psiquismo materno. Esses movimentos podem enredar, de forma semelhante, o pai da criança, mantendo-o aprisionado, por sua vez, à sua própria matriz representacional materna, tal como aconteceu com

Nino, fazendo com que o fenômeno transite de uma geração para outra.

Abordaremos agora os aspectos do que estamos chamando de incestualidade necessária, aquela que, em sua atuação, é constitutiva da vida psíquica da criança.

A *inscrição erógena*

Quando a relação dos pais com a criança funciona no sentido de impedir que esta avance na direção de uma abertura para as escolhas exogâmicas, reconhecemos que aí o fenômeno da incestualidade apresenta-se como aprisionador. Em sua outra face, no entanto, o mesmo fenômeno apresenta-se como necessário e imprescindível para a constituição subjetiva da criança, podendo-se mesmo dizer que é por meio das primeiras trocas incestuais entre o bebê e sua mãe que este, de fato, se humaniza.

A incestualidade, portanto, é um fenômeno ao mesmo tempo vital e aprisionador, com movimentos de progressão e regressão opondo-se entre si, tanto no psiquismo da criança como em sintonia com os mesmos movimentos em seus pais, formando uma trama familiar complexa e verdadeiramente psicopatológica.

Considerando o tema da incestualidade sob o ponto de vista de seus aspectos benéficos, somos levados a refletir sobre o quanto as trocas amorosas primitivas entre mãe e bebê são erotizadas de ambos os lados. E é imprescindível que assim seja, pois é por meio dessas trocas que se faz a inscrição erógena no corpo do bebê, colocando-o no caminho do desejo.

Em 1905, Freud já nos aponta:

> O relacionamento de uma criança com quem seja responsável por seu cuidado oferece-lhe uma fonte sem fim de excitação sexual e satisfação de suas zonas erógenas.[...]sua mãe o vê com sentimentos derivados de sua própria vida sexual: ela o acaricia, o beija, o embala e muito claramente o trata como um substituto de um objeto sexual completo. [...] todos seus sinais de afeição despertam o instinto sexual de sua criança e a preparam para sua intensidade posterior. [...] Como sabemos o instinto sexual não é somente despertado pela excitação direta da zona genital. O que chamamos afeição mostrará infalivelmente seus efeitos um dia nas zonas genitais também. [...] A mãe está somente cumprindo sua tarefa de ensinar a criança a amar. (p. 223)

O que seria, então, a inscrição erógena?

Freud (1905) mencionava que todos os órgãos são erógenos:

> Parece provável que qualquer parte da pele e qualquer órgão dos sentidos – provavelmente, de fato, qualquer órgão – pode funcionar como uma zona erógena, embora haja algumas zonas erógenas especialmente marcadas, cuja excitação parece ser assegurada desde o início por certos dispositivos

orgânicos. Além disso, parece que a excitação sexual surge como um produto colateral, por assim dizer, de um grande número de processos que ocorrem no organismo, desde que eles alcancem um certo grau de intensidade e, mais especialmente, de qualquer emoção relativamente poderosa. [...] As excitações de todas essas fontes ainda não estão combinadas; mas cada uma segue separadamente seu próprio objetivo, que é meramente a obtenção de um certo tipo de prazer. (p. 233)

Partindo de Freud, Leclaire (1979) propôs uma distinção entre corpo biológico e corpo erógeno, concebendo este como uma superfície que, devido ao fato de também pertencer a um conjunto orgânico, em qualquer ponto em que for estimulada, geraria uma excitação do tipo sexual e se transformaria em zona erógena. Deve-se notar que a zona erógena assim concebida já não estará mais ligada à necessidade, mas ao prazer, configurando-se, então, como uma janela aberta para o inconsciente. Dessa forma, ele nos aponta:

> Na concepção de corpo erógeno que propus, indiquei que deveria ser concebido a partir da superfície do corpo ou do corpo concebido enquanto superfície. Por um lado, qualquer ponto da superfície do corpo entra em um conjunto orgânico, mesmo que se trate de um ponto da pele, mesmo que se trate de uma célula, pois fazem parte de um conjunto orgânico e se inserem em uma determinada ordem, que chamei de ordem biológica. [...] Porém [...] insisti paralelamente no fato de

> que qualquer ponto da superfície do corpo pode originar uma excitação de tipo sexual, ou seja, transformar-se virtualmente em zona erógena. [...] a zona erógena constitui de fato uma porta, uma abertura ao inconsciente, uma abertura estritamente equivalente, na medida em que forneceria acesso a essa ordem que, tomada em seu limite, é a ordem do gozo e não a ordem da sobrevivência. (Leclaire, 1979, pp. 57-59)

O corpo erógeno é estabelecido sob a forma pela qual Freud (1905) concebeu a sexualidade infantil, isto é, polimorfa e não unificada, embora exiba pontos de especialização a partir de uma função orgânica centrada em uma determinada área, por exemplo, a boca.

Partindo do princípio de que toda relação entre dois corpos é erógena, Leclaire propõe que a função materna de inscrição erógena no corpo do bebê consiste, basicamente, na sustentação que a mãe é capaz de dar para a dupla constituição de ambos enquanto seres ao mesmo tempo orgânicos e erógenos. Assim Leclaire (1979) define a função mãe: "A função mãe nada mais é que um corpo, ao mesmo tempo orgânico e erógeno. É ela quem assegura concretamente esta justaposição de funções contraditórias; é preciso que ela seja plenamente essa superfície [erógena] em que consiste o corpo" (p. 69).

O autor propõe que a separação do corpo da mãe se produz no nível do corpo erógeno. É a entrada do pai, também como corpo erógeno, que produz o corte e instaura a falta. Para que isso ocorra é necessário que o pai sustente sua posição na economia libidinal da mãe e que a criança não permaneça ocupando este espaço.

> É no nível da alteridade do corpo erógeno que devemos buscar o que se refere exatamente à separação do corpo da mãe. Tal corte só pode se operar pela entrada da função pai. Para que isso aconteça a criança não deve obturar a organização libidinal da mãe, algo da ordem de uma desconexão deve se produzir ou se confirmar, isto é, o pai, enquanto corpo erógeno deveria continuar o ponto de máximo investimento da economia libidinal da mãe. (p. 61)

As proposições de Leclaire sobre a estruturação do corpo erógeno do bebê a partir do inter-relacionamento com os corpos erógenos de seus pais remetem à noção da família como o lugar sexual por excelência. Deve-se notar, no entanto, que, embora mãe e pai, por ocuparem uma posição privilegiada em relação ao bebê, constituam os pontos centrais no fenômeno da impressão de inscrições erógenas em seu corpo, a família pode envolver mais membros que, em sua relação de atenção com o bebê, também participam desses processos (assim como as professoras da creche), processos estes que são, em si mesmos, constituintes de subjetividade.

Dessa forma, as bases mais primitivas do fenômeno da incestualidade constituem-se dessa sustentação dada pela mãe à dupla constituição de ambos, mãe e bebê, enquanto seres que são, ao mesmo tempo, orgânicos e psíquicos, isto é, seres de necessidades e seres do prazer, do desejo erógeno, inscrito em seus corpos pelos cuidados maternos. A incestualidade, portanto, enquanto uma tendência do humano, relaciona-se à constituição do corpo erógeno, construído na vida familiar a partir da mãe.

Essa sustentação da dupla constituição do ser, enquanto biológico e de desejo, configurar-se-á como uma marca que o humano carregará para a vida e, como acabamos de ver, que se transmitirá de uma geração para a outra pela forma como, em cada uma delas, se expressam os cuidados maternos. Voltaremos a esse tema, logo adiante.

Laplanche (1988) também se ocupou da justaposição entre erotismo e função materna, apresentando-os como indissociáveis:

> Pelo termo sedução originária qualificamos, portanto, esta situação fundamental na qual o adulto propõe à criança significantes não verbais, tanto quanto verbais e até comportamentais, impregnados de significações sexuais inconscientes. [...] o próprio seio, órgão aparentemente natural da lactação: podemos negligenciar seu investimento sexual e inconsciente maior pela mãe? Podemos supor que este investimento "perverso" não é percebido, suspeitado, pelo bebê, como fonte deste obscuro questionamento: o que quer ele de mim? (p. 119)

Laplanche aponta diretamente para o paradoxo que está implícito na questão da incestualidade, evidenciado pelas duas ações superpostas uma à outra, em um curto espaço de tempo, às vezes concomitantemente. Trata-se do fato de que a criança deve ser atraída para estabelecer o vínculo estruturante inicial com a mãe e, em seguida, ser interditada ao se lançar nos prolongamentos naturais da atração. "Afinal, o que ela quer?"

Vimos, com Naouri, como essas inscrições de prazer originárias marcam profundamente o psiquismo de ambos, mãe e bebê, abrindo espaço, a partir daí, tanto para que os caminhos da incestualidade vital e necessária se desenrolem, cumprindo o seu papel estruturante, como para que uma distorção se instale, já desde esses primórdios, conduzindo o processo para sua vertente aprisionadora.

Veremos, a seguir, como os posicionamentos diante do fenômeno da incestualidade são transmitidos por via geracional.

A transmissão psíquica entre gerações

O tema da transmissão de conteúdos psíquicos entre as várias gerações da família tem sido um dos mais estudados na área da Psicanálise de Família, e é objeto de inúmeras publicações. É um tema que se destaca automaticamente quando o analista está diante das falas de mais de uma geração da família. A fala de uma geração sobrepõe-se à da outra a um ponto tal que podem confundir-se na escuta.

O que se transmite? Transmitem-se conteúdos identificatórios e do supereu, como veremos no próximo capítulo, mas também são transmitidos o negativo dos conteúdos, isto é, os não ditos, os secretos, as lacunas que se fazem tabus, as criptas psíquicas (Abraham; Torok, 1995), os indizíveis (Inglez-Mazzarella, 2006, p. 15).

Neste item focalizaremos um aspecto particular da transmissão geracional: aquele que se refere à transmissão dos posicionamentos psíquicos dentro da família ou, falando de outra forma, dos posicionamentos, tanto diante da incestualidade necessária e de suas formas e nuances de interdição, como diante da incestualidade aprisionadora. Assim, no caso relatado, Nino "recebeu" de seu pai conteúdos psíquicos (conscientes e inconscientes) referentes ao modo de se posicionar na função paterna e constatamos como esses conteúdos se manifestaram na relação de Nino com Antônio. Da mesma forma, Juraci "recebeu" de sua mãe, além de um sentimento de rejeição por parte dela, um modo de se posicionar diante do filho homem, que ela, mesmo questionando, repete.

Inglez-Mazzarella (2006) aponta:

> Pensar na transmissão é pensar fundamentalmente na repetição, é pensar naquilo que, vindo do campo do Outro, insiste. Que destinos se traçam, por meio da linhagem e são "assumidos" por determinada pessoa? Como se faz essa "oferta" por parte de alguém para enredar-se alienadamente na história familiar? (p. 32)

Essa autora também propõe: "O lugar do sujeito traz consigo uma história anterior calcada nos lugares de objeto pelos quais se transitou" (p. 32).

No que se refere ao tema da incestualidade, dessa forma, o pai que não chega a compreender sua função de interdição da mãe ao filho terá tido um pai nas mesmas condições, transmitindo, inconscientemente, esse tipo de posicionamento de uma geração para outra.

O mesmo acontecerá com a mãe. Ela transmitirá, a seus filhos e filhas, um modo materno aprisionador de se vincular incestualmente que avançará pelas gerações seguintes, se não houver um pai que interrompa a cadeia. Como foi dito na introdução, constata-se nesses fenômenos uma tenacidade e uma resistente força centrípeta que pode impedir a atuação do clínico, imobilizando-o. Qualquer tentativa por parte deste de se aproximar do núcleo incestual será rechaçada com violência.

Outra forma de transmissão refere-se aos valores e saberes que são transmitidos via superego. Muitos deles referem-se ao que estamos chamando de incestualidade necessária, ou seja, formas de se lidar com a criança, de tocá-la, de acarinhá-la, de cuidá-la, de alimentá-la, de banhá-la que são ensinadas, verbalmente ou pelo exemplo, de uma geração à outra. Ou, também, se referem à transmissão de posicionamentos aprisionadores quanto à forma de lidar com a incestualidade, e que se perpetuam ao longo das gerações. Eles referem-se à crença de que filho existe para ocupar um lugar "incestual", junto ao genitor, servindo-lhe de complemento narcísico ou utilitário.

Freud (1932) denominou de ideologias do superego certos valores e saberes transmitidos por essa via à geração seguinte, como veremos no capítulo 4.

Por outro lado, não se pode ignorar a função constituinte das expectativas dos pais sobre os filhos, sendo que o vazio total de expectativas corresponderia a uma lacuna identitária no filho. Poderíamos falar aqui, também, em "expectativas necessárias" e "expectativas aprisionadoras", dependendo de como o desejo do filho poderá, ou não, circular entre elas. Mazzarella (2006) menciona esse aspecto:

> Se, por um lado, sabe-se do estatuto constituinte da pertinência, das identificações, do lugar na linhagem, por outro, pode-se assistir a um movimento de aprisionamento, de alienação, de repetição insistente e infindável na tentativa fracassada de inscrição. Por intermédio do filho, algo dos pais, dos avós, da linhagem pode se atualizar, uma repetição que traz simultaneamente satisfação e sofrimento, familiaridade e estranheza, passado e presente. (p. 34)

Mazzarella situa, com clareza, a ambivalência resultante nos filhos dessas "expectativas necessárias" que requerem, por parte destes, um trabalho de simbolização, de lutos e de escolhas.

> Como alguém se constitui pela história de um Outro sem ser tomado por essa história alheia? A possibilidade é [...]

fazer da herança genealógica algo pensado, transformado e simbolizado, ou seja, algo apropriado. Ou [...] fica-se na condição de um errante que vagueia por meio das gerações em busca de inscrição ou simbolização. (p. 38)

Freud (1913-1914), citando Goethe, diz: "aquilo que herdaste de teus pais, conquista-o para fazê-lo teu".

Neste trabalho, estamos apontando que, entre os conteúdos da transmissão geracional, se incluem os posicionamentos diante dos fatos existenciais fundamentais, tais como a interdição do incesto, as diferenças anatômicas entre os sexos e as diferenças geracionais, que caracterizam o humano.

Incestualidade enquanto páthos familiar

Acabamos de apontar como os fenômenos da incestualidade, em suas formas de atuar e em seus valores, transitam nas famílias de uma geração para a outra, de formas consciente ou inconsciente, e como se manifestam, como tudo o que é da ordem do geracional, tanto na transmissão do positivo como na do negativo, dos não ditos, dos secretos, dos tabus familiares.

Encerrando este capítulo sobre a incestualidade enquanto um *páthos* familiar, colocamos a questão: o que estaremos querendo dizer com a expressão "*páthos* familiar"? Estamos enfatizando que o termo "incestualidade" aponta para uma compreensão necessariamente interpsíquica, no caso, familiar, de seus modos de funcionamento. Estes, por se comporem de forças que oscilam entre o que é da ordem do necessário e constitutivo do ser e o que é da ordem do aprisionador, serão sempre psicopatológicos, isto é, implicam sofrimento, paixão, passividade.

Dessa forma, espera-se da família que "organize", em seu interior, uma profusão de impulsos, dos mais intensos que o ser humano conhece, todos pressionando para encontrar seu modo de se expressar, de se satisfazer, de se deslocar, de se sublimar, de se recalcar, em uma verdadeira e contínua "ciranda" pulsional familiar.

Vejamos como Freud (1930) compreendeu a constituição da família enquanto espaço do amor sexual e do amor incestual, concomitantes, conflitantes, psicopatológicos.

Referindo-se ao amor sexual, ele apontou:

> A vida comunitária dos seres humanos teve, portanto, um duplo fundamento: a compulsão a trabalhar, criada pela necessidade externa, e o poder do amor, que fez com que o homem não quisesse ser privado de seu objeto sexual: a mulher, e fez com que a mulher não quisesse ser privada da parte de si própria que foi separada dela: sua criança. Eros e Ananke (Amor e Necessidade) tornaram-se também os pais da civilização [...] a descoberta do homem de que o amor sexual (genital) lhe oferecia as mais fortes experiências de satisfação, e de fato lhe provia do protótipo de toda a felicidade, pode ter-lhe sugerido de que ele deveria continuar a procurar a satisfação da felicidade em sua vida ao longo

do caminho das relações sexuais e que ele deveria tornar o erotismo genital o ponto central de sua vida. (p. 101)

E, referindo-se ao amor incestual, ele completou:

> O amor que funda a família continua a operar na civilização tanto na sua forma original, na qual não há renúncia à satisfação sexual direta, e em sua forma modificada, como afeição inibida quanto à meta. Em cada uma, ele continua tendo como função manter unidos considerável número de pessoas, e o faz de um modo mais intenso do que poderia ser efetuado por meio do interesse do trabalho em comum. O modo descuidado com que a linguagem usa a palavra "amor" tem sua justificação genética. As pessoas dão o nome de "amor" para o relacionamento entre um homem e uma mulher cujas necessidades genitais os levaram a fundar uma família; mas elas também dão o nome de "amor" aos sentimentos positivos entre pais e filhos, e entre irmãos e irmãs de uma família, embora sejamos obrigados a descrever isso como amor inibido quanto à meta, ou afeição. O amor inibido quanto à meta era, de fato, originalmente, amor plenamente sensual, e ainda é assim no inconsciente do homem. (Freud, 1930, pp. 102-103)

O que nos leva a afirmar que, para Freud, a diferença entre a sexualidade e a incestualidade é o fato de esta última ser a sexualidade que está interditada, que está inibida quanto à sua meta, ou seja, aquela a que ele chamou de afeição. Essa constatação também nos leva ao comentário de que aquilo que a literatura psicanalítica sobre a família chama de família simbiótica, fusionada, aglomerada, ou indiferenciada é apenas um eufemismo para ocultar o que, de fato, a caracteriza, isto é, o caráter eminentemente sexual que lhe dá coesão. Assim, como afirma Freud no trecho citado logo acima, o amor tem como função manter unido considerável número de pessoas.

Toda essa questão refere-se, de fato, a um *páthos* familiar extremamente complexo, no qual o casal parental deverá ser capaz de circular alternadamente entre seus vários níveis e meandros. Cumpre aqui ressaltar que a questão incestual não se refere, obviamente, só à mãe, embora ela, pelas características de sua função materna, esteja em uma posição privilegiada para que caminhos e descaminhos ocorram; de toda forma, o pai também aí estará profundamente envolvido, e não somente no que se refere à interdição, mas na própria relação incestual constituinte da criança, assim como irmãos e irmãs.

Sustentar a "ciranda" pulsional familiar de forma suficiente, na direção do que poderia ser chamado de vital e constitutivo do ser de todos os envolvidos, não é tarefa banal, nem pequena. Vejamos o porquê.

Freud afirma que o poder do amor fez que o homem não quisesse ser privado de seu objeto sexual, a mulher, e fez que a mulher não quisesse ser privada da parte de si própria que foi separada dela, sua cria; e afirma, também, por outro lado, que o homem, ao descobrir a satisfação que o amor genital lhe oferecia, colocou este prazer como o centro de sua vida. Nessa dupla afirmação, Freud já aponta diretamente para um fenômeno que é psicopatológico em sua essência e, poder-se-ia dizer, no limiar do inexequível e que, para ser minimamente alcançado, exigirá grande dispêndio de energia, dedicação, capacidade de renúncia e uma sensibilidade aguçada. Vejamos como todo esse processo ocorre.

O que existe na prática é um conjunto de forças opostas, formando uma dialética pulsional extremamente complexa. Tentaremos resumi-la da seguinte forma: nosso ponto de partida é que a família é o lugar sexual por excelência, ou não é família, pois é o vínculo sexual entre dois jovens que lhe dá início; nela nascerão bebês, que terão sua inscrição erógena por meio dos cuidados maternos e que deverão aprender, aos poucos, a desviar essa sexualidade da mãe e postergá-la para o futuro, devido à interferência do pai interditador. Este deverá ser capaz de ressexualizar a mulher após o nascimento do filho, pois ela estará completamente mergulhada na relação incestual primitiva com seu bebê. Deverá, igualmente, retomar a mulher para si, sem traumatizar excessivamente o bebê (para que este não perca a erogenização que recebeu da mãe e que só aceite postergá-la) e sem dividir excessivamente a própria mulher entre seus dois amores (ele e o bebê), de modo que ela possa retomar sua conjugalidade, sem perder a maternidade recém-adquirida.

À mulher, pede-se que viva a sexualidade adulta com o marido, a infantil com seu bebê e que saiba harmonizar e satisfazer ambos os amores, que funcionam em níveis diferentes e competem entre si (e que devem competir, para o bem de todos). E, ainda, se pede também que ela saia relativamente ilesa e saciada dessa disputa por seu amor. A disputa perpetua-se e se multiplica com a chegada de novos bebês, cada um com idades e necessidades amorosas diferentes.

Estando a mulher no lugar de objeto de desejo do companheiro e dos filhos ao mesmo tempo (isso sem falar de seu próprio desejo), como exercer essas funções contraditórias a contento? Acrescente-se a isso o fato de que, na contemporaneidade, a mulher se propõe a também desenvolver sua identidade profissional, competindo com o homem, na vida pública, em igualdade de condições. Mulher, mãe, profissional, três registros conflitantes do ser mulher.

O pai, por sua vez, o grande vencedor da disputa pela mulher, poderá ter dificuldade para se perceber, de modo estável, como pai e, muitas vezes, relacionar-se-á com ela a partir de impulsos infantis, competindo, de igual para igual, com seus filhos pelo amor dela; o mesmo processo pode acontecer com ela. Entretanto, mais frequentemente, o pai terá que ser capaz de um esforço maior de renúncia à sua satisfação sexual, abrindo espaço para que a vivência incestual mãe-bebê possa instalar-se. Por outro lado, dado o tênue e sutil equilíbrio das atrações sexuais mútuas no casal, este é o momento em que, como a clínica de casal o indica, o vínculo conjugal poderá resultar mais frágil.

É igualmente importante não se esquecer de que, se é a mãe a responsável pela erogenização primordial do bebê, via gestação, aleitamento e cuidados iniciais, o pai aí terá, também, um papel fundamental. Ele propiciará ao bebê vivências incestuais elementares, inscrições erógenas que sinalizam as diferenças anatômicas entre os sexos; nessa fase inicial, essas inscrições dar-se-ão via características sexuais secundárias do pai, tais como cheiro, barba, timbre de voz. Irmãos, parentes próximos e outros cuidadores também aí deixarão sua marca.

Enfim, na família, trata-se de encontrar, permanentemente, os caminhos para a expressão, o deslocamento, a repressão, a sublimação do impulso sexual, em uma estrutura dinâmica em busca de um equilíbrio, que, no entanto, é sempre precário.

Até aqui, estamos enfatizando os aspectos vitais e necessários da incestualidade, da forma como ela circula na família. Sabemos, no entanto, que a incestualidade pode desorientar-se por caminhos aprisionadores. Devido às características da função materna, estes perigos lhe são muito próximos. No entanto, a relação incestual do pai com sua criança também pode ocasionar o mesmo efeito se, em seu funcionamento, coincidir com as premissas da incestualidade aprisionadora materna, isto é, se, na constituição subjetiva da criança, o desejo desta permanecer cativo do desejo paterno sobre ela.

Temos no caso de Nino, o pai de Antônio, o exemplo de como ele estava fortemente aprisionado aos desígnios incestuais, tanto aos de sua mãe como, também, aos de seu pai. Nino, de fato, além de apresentar as características de vínculo incestual aprisionador com a mãe, que o utilizava a seu bel-prazer, também tinha como objetivo maior de sua vida conseguir o amor de seu pai por ele (para salvá-lo da mãe?), o que nunca conseguia, por mais que se esforçasse. O corpo de Nino, dilacerado por esse duplo aprisionamento incestual, sucumbe, e ele desenvolve uma grave doença autoimune.

Por outro lado, também devemos considerar que a incestualidade materna do tipo aprisionador sempre ocorrerá ou com a anuência, ou com a complacência, ou com a incompetência, ou com o descaso ou com o abandono do pai. De alguma forma, ele estará implicado nesse fenômeno.

Vimos, portanto, que o fenômeno da incestualidade só adquire pleno sentido se compreendido como elemento-chave do inter-relacionamento familiar, aquele que é responsável por sua coesão interna.

Outro ponto a ser enfatizado é o fato de que, neste trabalho, estamos focalizando as formações mais usuais dos fenômenos incestuais, aqueles aspectos do que Freud denominou de psicopatologia da vida cotidiana, isto é, as formas brandas que frequentam com assiduidade nossa clínica. Convém assinalar que este é, também, um campo de patologias muito graves.

Dessa forma, Racamier (1995) constrói suas observações a respeito do registro da incestualidade aprisionadora, partindo de sua longa experiência com o tratamento das esquizofrenias. Ele sustenta que:

As psicoses são o terreno predileto do incestual e não somente porque aí encontramos uma quantidade notável de incestos. Isso não é constante e não é uma prova. Mas porque, numa proporção bem maior aí se detectam a marca das relações incestuais. Uma parte importante da patologia psicótica é incestual; a incestualidade transparece na patologia manifesta e mais ainda ela se infiltra em profundidade na patologia latente. (p. 133)

Em relação ao tema da patologia familiar, Racamier (1995) acrescenta:

Não há uma patologia incestual que seja puramente individual e que não envolva o ambiente familiar inteiro. Ou seja, quando se pensa em incestualidade [aprisionadora], não se deve extrair a patologia de um indivíduo, fora da dinâmica de seu meio familiar. (p. 125)

Este autor também propõe que não existe uma patologia especificamente incestual. Ele afirma: "A incestualidade [aprisionadora] constitui, ela própria, o fundo sobre o qual, como um micélio, germinam e crescem patologias diversas" (p.125).

Racamier trabalha com casos graves de psicose, mas mesmo na clínica de famílias não psicóticas se pode observar essa característica da incestualidade aprisionadora, que é a de funcionar como pano de fundo para sintomatologias diversas, o que pode confundir o clínico em sua avaliação. Dessa forma, a rebeldia de Antônio poderia passar por mais um caso de dificuldades escolares ou de problemas de atenção.

Vimos, neste capítulo, os modos de operação da incestualidade, tanto da necessária como da aprisionadora. Veremos, no próximo, outro fenômeno que lhes é complementar, ou seja, a abertura para as escolhas exogâmicas. Pode-se afirmar que, quanto mais aprisionador é o tipo de incestualidade que circula numa família, menor é a possibilidade da criança caminhar, progressivamente, na direção de uma certa autonomia em relação a seus pais, e, quanto mais vital é a forma da incestualidade familiar, mais a criança será liberada para encontrar seus próprios caminhos.

3.

A ABERTURA PARA AS ESCOLHAS EXOGÂMICAS

No capítulo anterior, pesquisamos o pensamento de autores que contribuíram para a compreensão do fenômeno da incestualidade. Acompanhamos as peripécias de sua circulação na família do pequeno Hans e verificamos como a função do pai atua no sentido da interdição da progressão desses impulsos, sejam eles originados na criança ou na mãe. Vimos também sobre o desejo da mulher, o qual, quando se completa exclusivamente na maternidade, cria um ambiente favorável para o desvirtuamento dessa função. Assim, foram abordados os aspectos aprisionadores do fenômeno da incestualidade.

Abordamos, também, a incestualidade enquanto um fenômeno necessário e imprescindível na constituição subjetiva da criança, podendo-se dizer que é por meio das primeiras trocas incestuais entre o bebê e sua mãe que a criança, de fato, se humaniza. Por fim, consideramos a incestualidade um fenômeno ampliado, que envolve toda a família, tanto em seus aspectos vitais e necessários como nos aprisionadores, e cuja forma de atuar, em grande parte, transmite-se através das gerações.

Neste capítulo, trataremos do tema da conquista de uma certa autonomia psíquica em relação à família, suficiente para que escolhas exogâmicas ocorram. Os temas da incestualidade e da abertura para as escolhas exogâmicas caminham juntos, caracterizando um *páthos* familiar central na constituição do humano, composto por forças que se opõem e que vão encontrando soluções de compromisso, em busca de um equilíbrio sempre precário.

Veremos como Freud abordou a questão da abertura para as escolhas exogâmicas e, em seguida, apontaremos alguns elementos que tanto a caracterizam como são necessários para que ela se viabilize. Desta forma, acompanharemos os movimentos pulsionais progressivos na direção da exogamia e regressivos na direção da incestualidade, além dos também possíveis deslocamentos da libido de um objeto para outro. Verificaremos a necessidade de que exista uma possibilidade de trabalho de luto na família para que os objetos endogâmicos possam ser substituídos pelos exogâmicos; abordaremos, ainda, o efeito do narcisismo dos pais na conquista dessa autonomia necessária dos filhos, e a noção de que ela será sempre relativa, pois a criança carregará consigo, internalizado, o superego dos pais.

Freud e a abertura para as escolhas exogâmicas

Vimos, no exemplo clínico relatado, como a forma aprisionadora de circulação dos impulsos incestuais entre mãe e filho, somada à ausência do pai enquanto terceiro nessa relação, impedia que Antônio se organizasse para sua entrada na adolescência que se aproximava. Ele permanecia imobilizado na relação com a mãe, revoltado com o desinteresse do pai e isolado do convívio com seus pares. A mãe, por sua vez, incapaz de fazer o luto de suas ilusões perdidas quanto à relação conjugal, defendia-se da melancolia apegando-se maniacamente ao filho.

Constatamos que ambos estavam paralisados, rodando em círculos, incapazes de sair dessa repetição compulsiva. Mas o que estava paralisado? De que se trata, afinal, isso que estamos chamando de abertura para as escolhas exogâmicas?

Ela é mencionada por Freud de diversas maneiras. No texto sobre o desenvolvimento da libido (1916-1917), ele nos aponta como, devido à intensificação libidinal, ocasionada pela puberdade, e ao decorrente recrudescimento da repressão dos impulsos dirigidos aos objetos infantis, há a possibilidade de um redirecionamento da libido para os objetos externos, para o que estamos chamando de escolhas exogâmicas. Trata-se de um intenso trabalho psíquico, de um *páthos* evolutivo, no qual forças progressivas e regressivas se opõem. Freud comenta que se deveria dar mais relevância ao encaminhamento dessa passagem adolescente, dada sua importância na direção da saúde mental. Como essa citação toca um dos pontos centrais deste trabalho, será aqui reproduzida integralmente:

> Sabemos que na puberdade, quando o instinto sexual começa a fazer suas demandas com força total, os antigos objetos familiares incestuais são novamente retomados e libidinalmente reinvestidos. A escolha de objeto infantil [...] foi um prelúdio, apontando a direção para a escolha de objeto da puberdade. Nesse ponto, então, processos emocionais muito intensos aparecem, seguindo a direção do complexo de Édipo ou reagindo contra ele, processos que, entretanto, como suas premissas se tornaram intoleráveis, devem em grande parte permanecer fora da consciência. Daí para frente, o indivíduo humano tem que se devotar à grande tarefa de separar-se de seus pais, e só quando esta tarefa é alcançada ele pode deixar de ser uma criança e tornar-se um membro da comunidade social. Para o filho esta tarefa consiste em desligar os desejos libidinais de sua mãe e redirecioná-los para a escolha de um real objeto de amor externo, e em reconciliar-se com seu pai se permaneceu em oposição a este, ou em livrar-se de sua opressão se, em reação à sua rebelião infantil, tornou-se subserviente a ele. Estas tarefas estão colocadas para todos; e é remarcável que raramente elas são lidadas de uma maneira ideal, isto é, de uma forma que seja correta tanto psicologicamente como socialmente. Para os neuróticos, entretanto, não se chega a nenhuma solução: o filho permanece toda sua vida curvado sob a autoridade de seu pai e não consegue transferir

> sua libido para um objeto sexual externo. Invertendo a relação, o mesmo destino pode aguardar a filha. É nesse sentido que o complexo de Édipo deve justamente ser visto como o núcleo das neuroses. (Freud, 1916-1917, p. 337)

Este trecho de Freud esclarece o que está em jogo nos movimentos exogâmicos da puberdade: as modificações orgânicas pubertárias causam a intensificação dos impulsos sexuais, que agora, impossibilitados de dirigirem-se às figuras infantis, devido à repressão instalada, devem direcionar-se para objetos externos, ou seja, um redirecionamento psicossexual deve ocorrer. Esta pesquisa refere-se justamente a esta questão: o que ocorre em determinadas famílias que dificulta o cumprimento dessa tarefa existencial ou mesmo, literalmente, a impede? Vimos como a forma como se dá a circulação dos impulsos incestuais na família relaciona-se diretamente com a possibilidade, maior ou menor, dos movimentos exogâmicos ocorrerem.

Devemos aqui ressaltar que, embora a adolescência seja o momento no qual esse deslocamento ocorreria na forma complexa que Freud descreveu, inclusive incluindo modificações hormonais significativas, de fato o que estamos chamando de escolhas exogâmicas não se restringe só ao período da adolescência, mas se refere a um processo contínuo de alternâncias entre investimentos em objetos incestuais e objetos exogâmicos durante todo o processo vital.

Trata-se, na verdade, de uma posição adotada ou não pelos pais ou figuras tutelares, no sentido do encaminhamento da criança para a cultura e a sociedade. Assim, quando a mãe leva seu filho de dois ou três anos para a escola e ele se sente bem lá, ele fez uma escolha exogâmica (e ela também), da mesma forma quando, um pouco maior, ele escolhe ficar com amigos em vez de ficar com a mãe ou com o pai.

No caso Hans, Freud (1909) comenta que a falta de companheiros de brincadeira do menino, em Viena, ocasiona uma intensificação de seu relacionamento incestual com sua mãe, levando à eclosão da fobia e que, na casa de campo, com todas as crianças que lá havia, Hans tinha melhores condições de experimentação de seus impulsos progressivos e regressivos.

No entanto, cumpre constatar que nem os amiguinhos de Hans, nem a escola de Antônio são suficientes para a instalação da interdição do movimento incestual dos dois garotos em direção às mães. Esta só poderá ocorrer mediante algum tipo de função paterna efetiva, independentemente de quem a exerça, podendo inclusive ser a própria mãe. No caso de Antônio, os impasses afetivos parentais formam um entrelaçamento de complementaridades que o levam aos descaminhos da repetição e do sofrimento. Antônio é um prisioneiro dos problemas conjugais de seus pais.

Freud (1916-1917), descrevendo do que se trata a abertura para as escolhas exogâmicas, afirma que, para o filho, "esta tarefa consiste em desligar os desejos libidinais de sua mãe e redirecioná-los para a escolha de um real objeto de amor externo e em reconciliar-se com seu pai" (p. 337). Temos aí as três tarefas para as quais Antônio deverá preparar-se: a primeira é a renúncia ao vínculo infantil com a mãe, a segunda é o redirecionamento libidinal para um objeto exogâmico, e a terceira é a construção de um vínculo possível e viável com o pai. Quais seriam as condições de possibilidade para esses movimentos ocorrerem?

Comecemos pelas renúncias, que deverão ocorrer tanto por parte da mãe como de Antônio, e afirmando que renúncias implicam lutos.

Lutos ou melancolia

Ao pensarmos em movimentos progressivos da libido, teremos que levar em consideração que a passagem para a posição mais avançada implicará um trabalho de luto pelas perdas referentes à posição anterior.

É nesse contexto que surge a necessidade de se refletir sobre como a família elabora seus processos de luto, ou se não os elabora, direcionando-se para a melancolia, tal como Freud (1917 [1915]) nos aponta. Desta forma, a progressão na direção da exogamia dependerá de que importantes trabalhos de luto possam ocorrer tanto na mãe como no pai, na família em seu conjunto e, naturalmente, também na criança.

Esta, no entanto, estará na dependência de que se lhe apontem que os lutos são necessários e inerentes à vida e, também, como eles podem ser vividos a partir do modo como seus pais os vivem; caso contrário, ela ficará aprisionada em repetições empobrecedoras decorrentes das defesas contra o luto em seus pais, como vimos acontecer com Juraci em relação a Antônio. O amor de Juraci pelo marido encontrava grandes barreiras, e ela, então, em vez de viver o luto pela decepção amorosa, deslocava sua libido, defensivamente, para o amor exclusivo ao filho, em uma defesa antiluto que desvirtuava sua relação com este.

Freud (1917 [1915]) nos aponta o fato de que "a melancolia é, de alguma forma relacionada com uma perda de objeto que é retirada da consciência, em oposição ao luto, no qual não há nada a respeito da perda que seja inconsciente" (p. 245).

Assim, foi necessário o processo analítico para que Juraci pudesse sair da sua defesa antiluto e entrasse em contato com seus sentimentos de tristeza, revolta e dor pela perda de suas ilusões amorosas em relação a Nino, e, em seguida, o mesmo processo repetiu-se em relação às suas lacunas afetivas do vínculo com sua mãe. Foi dessa forma que ela pôde, enfim, liberar Antônio de sua função compensatória dessas frustrações.

Sabemos, a partir de Freud, que o trabalho de luto desemboca no deslocamento da libido para novos objetos, o que, no caso de Juraci, poderia, por exemplo, enviá-la para fantasias de uma eventual separação de Nino, abrindo espaço para novas alternativas em sua vida. Essas fantasias, no entanto, estavam barradas fobicamente, como que fora de suas possibilidades emocionais, impedindo uma circulação mais livre de seu desejo e as concentrando, defensivamente, em Antônio.

Juraci carregava, historicamente, uma importante tendência melancólica estabelecida no vínculo com sua mãe, acompanhada de suas inevitáveis autorrecriminações e baixa autoestima. A indiferença de Nino só fez acentuar essas suas características, fortalecendo as defesas antimelancólicas que, por sua vez, encontravam seu ponto de apoio na relação com o filho. Este não poderia sair da posição sem o risco de fazer desabar o edifício defensivo que sua mãe construíra, para si mesma, sobre ele.

Vimos, com Naouri (2000), como os sentimentos da mãe para com seu bebê podem fixar-se como o modelo de seu relacionamento com o filho daí para frente, especialmente se outras vias de expressão da libido estiverem impedidas. Nesses casos, um verdadeiro trabalho dos lutos referentes ao crescimento da criança ou não se instaura, ou ocorre de modo insatisfatório, levando ao aprisionamento incestual tanto por parte da mãe como do filho. O filho aí permanece como refém, aquele que sustenta uma posição defensiva da mãe, referente às lacunas de sua vida conjugal.

Como a clínica mostra, tratam-se, estes, de fenômenos muito frequentes e corriqueiros que, muitas vezes, mesmo sem chegarem ao ponto em que chegaram com Antônio, podem ocorrer de forma intermitente, cada vez que a mãe se desilude com o marido e busca um amor compensatório no filho. Mencionamos, em outra parte deste trabalho, como o amor incondicional oferecido por uma criança à sua mãe não encontra paralelos em nenhum outro amor humano, tornando-se mais difícil para a mãe renunciar a ele, especialmente se não tem para onde canalizar seu vazio afetivo.

E do lado de Antônio, a que ele deveria renunciar? Segundo Freud, aos desejos incestuais em relação à sua mãe, para que fosse possível, em um futuro que se avizinhava, redirecionar sua libido para a escolha de um objeto de amor externo. Teremos que levar em consideração a experiência anterior da mãe em fazer esses movimentos progressivos e regressivos da libido e seus deslocamentos, o que não ocorre com a criança, para quem todas essas experiências são novas.

No caso de Antônio, sua mãe foi, praticamente, seu único amor até os dez anos de sua vida; ele estava habituado a um contato físico de muita proximidade com o corpo materno e a um compartilhamento peculiar de sua intimidade com ela.

Para a mãe, que acompanhou (sem perceber) o crescimento do filho, trata-se da continuidade de sua relação com seu bebê; para o filho, cria-se aí uma tenaz canalização de libido, de difícil renúncia unilateral. Foi somente quando Nino se interpôs entre os dois, temendo as consequências para Antônio, que o par cedeu de seu gozo do corpo do outro.

A clínica evidencia como essa dupla renúncia pode, por vezes, tornar-se impraticável. Como expôs Bleichmar (1980), há situações em que o pai tem que realizar algo semelhante a uma verdadeira violação da dupla mãe-filho.

No entanto, o caso Antônio e a clínica mostram que, após uma elaboração suficiente do corte incestual, se produz um grande alívio na criança e algum tipo de construção de uma nova relação, ou seja, uma nova representação sobre o pai torna-se possível.

Deve-se, porém, levar em consideração que Antônio contou com a colaboração, a presença, o afeto e a companhia do pai nesse momento de sua renúncia à mãe. Não sabemos como esse processo teria ocorrido sem a participação dele, isto é, se não houvesse a possibilidade de trocar a mãe pelo pai. Não se passa de um amor para o nada. Como nos ensina Freud (1917[1915]), no processo de luto, a falta do objeto faz a libido retornar para o ego e, depois, de volta para um novo objeto. O trabalho de luto não é simples e sua resolução requer uma estrutura subjacente, ou um apoio, que o suporte. Como veremos logo abaixo, pode-se trocar de amor, mas não se vive sem ele.

Dessa forma, o pai aí tem uma função excepcional. Assim, a primeira escolha não-mãe seria, preferencialmente, o pai-interditador-da-mãe. No caso Antônio, assim como a clínica evidencia, isso se dá pelos movimentos, primeiro agressivos e em seguida nitidamente apaixonados do menino em direção ao seu pai, aquele que é, de origem, aureolado pelo desejo de sua mãe. Pode-se constatar, quase que sensivelmente, a mudança da posição subjetiva da criança, que, depois de muitos descaminhos e sofrimentos, consegue chegar a renunciar ao amor primitivo pela mãe e dirigir um olhar para seu pai.

Esse olhar, voltado para o rosto do pai e para cada pequeno gesto dele, imobiliza-se, fascinado, e tudo o que cabe ao analista, dali em diante, é assistir ao novo intercâmbio que se inicia entre os dois, do qual ele, analista, está alijado. Só lhe resta, à sua frente, um menino de perfil, porque este só tem olhos para o pai. Se o analista for uma mulher, ela passará a ser objeto da mesma condescendência com a qual a mãe também passa a ser tratada: uma cumplicidade masculina instaurou-se entre pai e filho.

A clínica também evidencia a visibilidade da mudança subjetiva da menina que, finalmente, encontra o caminho para seu pai ao renunciar ao vínculo primitivo e exclusivo com a mãe. Diferentemente do menino, ela poderá não estar tão interessada em absorvê-lo como modelo identificatório, mas, sentindo-se amada por ele, se iluminará como uma pequena mulher apaixonada que encontrou, afinal, seu porto. Ele lhe servirá de norte e de abrigo por algum tempo mais.

Essas constatações clínicas apontam na direção de que a ausência do pai não é sem consequências. Conhecê-las pode facilitar o caminho para se chegar a alguma forma de "organizar sua presença", se os pais estão separados, ou de prover uma suplência de sua função, se ele for ausente. É, também, imprescindível reenfatizar aqui que a criança só chega ao pai se a mãe a permitir, indicando a direção do pai para ela por meio de sua fala.

É dessa forma, da mãe para o pai e do pai para o social, que se instaura a abertura exogâmica da qual estamos falando aqui. Pode-se, portanto, estabelecer a possibilidade de vivenciar lutos como condição fundamental para se sair da repetição incestual na direção de uma certa autonomia psíquica. A psicanálise considera esse luto referente à interdição da mãe como especial e único, um luto constituinte do ser, e denominou todo o processo que leva a ele de complexo de castração ou de Édipo (Freud, 1924, p. 176), aquele que libera a criança do desejo da mãe sobre ela, inaugurando, dessa forma, sua entrada na cultura.

Investigaremos, resumidamente, a seguir, alguns movimentos da libido que contribuem à abertura para a escolha de objetos exogâmicos.

Troca-se de amor, mas não se vive sem ele

Temos falado aqui em movimentos progressivos e regressivos, no que se refere à abertura para as escolhas exogâmicas, que vão proporcionando à criança o acesso ao mundo.

No caso relatado, Antônio apresenta uma verdadeira fixação pela mãe, impedido que está de ligar-se a um pai desinteressado dele, e, apesar dos esforços da escola em proporcionar-lhe experiências de socialização com outras crianças, ele resiste a formar novos vínculos e prefere brincar sozinho no recreio, mostrando-se agressivo e violento com os colegas quando forçado a fazer parte do jogo de futebol. Nunca quis participar dos acampamentos e excursões da escola. Antônio, ativamente, inibia seus impulsos exogâmicos, não formando laços nem com as professoras, nem com os colegas, nem com os vizinhos de prédio, reduzindo, dessa forma, os horizontes de seu mundo. Podemos inferir, por essa atitude, o grau de ansiedade que ele experimentava em sua dilacerante divisão entre o amor garantido mas culpado pela mãe e o intenso e frustrado desejo de ser amado pelo pai.

Sobre esses temas, Freud (1916-1917) nos indica que a libido pode sofrer fixações nas primeiras fases de seu desenvolvimento, assim como pode regredir para essas fases anteriores quando obstáculos externos se interpuserem às buscas de sua satisfação em fases posteriores, apontando para a flexibilidade dos movimentos pulsionais. Ele propõe:

> [...] a função libidinal atravessa um longo desenvolvimento. [...] Vejo como possível, no caso de todas as tendências sexuais particulares, que algumas de suas partes permaneçam para trás, em estágios anteriores de seu desenvolvimento, mesmo que outras partes alcancem seu objetivo final. [...] proponho descrever o retardamento de uma parte da tendência num estágio anterior como uma fixação do instinto. [...] as partes que avançaram mais também podem facilmente retrocederem para um dos estágios iniciais, o que descrevemos como uma regressão. A tendência será levada a uma regressão dessa espécie se o exercício de sua função, isto é, a realização de seu objetivo de satisfação encontra, em suas formas mais desenvolvidas, poderosos obstáculos externos. [...] Quanto mais fortes as fixações no seu caminho de desenvolvimento, mais prontamente a função evadir-se-á das dificuldades externas regredindo para as fixações, e mais incapaz, portanto, a função desenvolvida se torna para resistir aos obstáculos externos em seu curso. (pp. 340-341)

Estas são considerações fundamentais para o tema que estamos tratando aqui, pois a força das fixações constituirá o empecilho maior para o caminho progressivo na direção da autonomia, caminho este que, sabemos, será inevitavelmente coalhado de dificuldades e obstáculos. Freud afirma que "[...] existem regressões de dois tipos: um retorno aos primeiros objetos de investimento da libido, que [...] são de natureza incestuosa e um retorno da organização sexual como um todo para estágios anteriores" (p. 341).

Podemos constatar, no exemplo relatado, assim como na clínica em geral, como a fixação no objeto incestual primordial apresenta uma resistência tenaz às tentativas de modificação de seu *status quo*, como o demonstram as tentativas infrutíferas da escola para atenuar o isolamento de Antônio. Neste caso específico, nem mesmo se pode afirmar que a mãe se interpunha a essas tentativas; ela, na verdade, as encorajava. Pode-se conjeturar que entre essa mãe e esse filho se construiu um pacto de sobrevivência mútua diante da hostilidade da família paterna e uma identificação recíproca na revolta culpada contra esse pai sofrido, vítima de sua família de origem.

Nesse impasse, Antônio fica como que "estacionado", em uma espécie de paralisia do tempo. Bleger (1977) aponta: "[...] o tempo se detém quando a relação é massiva com um só objeto, quando se reduz ao máximo a diversificação das relações objetais. A vivência do tempo é conjunta com o deslocamento no espaço para diferentes objetos" (p. 73).

Devemos também considerar que as progressões exogâmicas e as regressões endogâmicas da libido sucedem-se umas às outras na criança, em um movimento de alternância que reflete os mesmos movimentos ocorrendo nos pais. Como podemos facilmente constatar na observação dos primeiros dias de escola de crianças pequenas, instaura-se uma sincronia entre os movimentos progressivos e regressivos da criança e os da mãe, estabelecendo-se, assim, o modo como a criança se adaptará, com maior ou menor facilidade, no novo ambiente. Fixações importantes no vínculo com a mãe podem, no entanto, já estarem estabelecidas, o que dificultará todo o processo.

Além de fixações, as pulsões também podem exibir grande plasticidade. Freud (1916-1917) aponta:

> [...] os impulsos instintivos sexuais em particular são extraordinariamente plásticos. [...] Um deles pode tomar o lugar de outro, um deles pode assumir a intensidade de outro; se a satisfação de um deles é frustrada pela realidade, a satisfação de outro pode prover completa compensação. [...] os instintos componentes da sexualidade, assim como a corrente sexual que é composta por eles, exibem uma grande capacidade para mudar seu objeto, para tomar um outro em seu lugar, e um, portanto, que seja mais facilmente alcançável. Essa capacidade de deslocamento e prontidão para aceitar um substituto deve operar poderosamente contra o efeito patogênico da frustração. (p. 345)

Entre a fixação e a plasticidade, a progressão e a regressão, desenrola-se a libido incestuosa. No entanto, verifica-se que, se podemos trocar de amor, não podemos viver sem ele. A pressão para a busca do objeto de satisfação faz parte da própria essência da pulsão, aponta-nos Freud (1915):

> [...] uma das essências da pulsão é sua manifestação como força constante. [...] os estímulos de natureza pulsional prosseguem afluindo de modo contínuo e inevitável. [...] a pulsão nos aparecerá [...] como uma medida da exigência de trabalho imposta ao psíquico em consequência de sua relação com o corpo. O caráter de exercer pressão é uma propriedade universal das pulsões, na verdade, sua própria essência. (pp. 147-148)

É neste contexto que se deve compreender a dificuldade maior da criança para elaborar a renúncia à mãe, na ausência de um pai que cumpra sua função de modo efetivo, isto é, oferecendo-se como objeto de amor alternativo. Vimos, no caso relatado, como Antônio, já há tempos pronto para fazer essa passagem (pois ela lhe fora, desde sempre, indicada pelo desejo de Juraci por Nino), a partir da entrada do pai na cena da interdição, muito facilmente voltou-se para ele, para grande surpresa de Nino. Podemos também compreender melhor sua rebeldia, bastante agressiva, aliás, como um grito de alerta e um pedido de socorro ao pai, com a mensagem: "Tire-me desta situação, leve-me com você para o futebol".

Pode-se supor que o trabalho de luto, tal como descrito por Freud (1917[1915]), trabalho no qual, diante da perda necessária (o vínculo primitivo com a mãe), a libido destinada a esse objeto perdido se volta para o ego, sob a forma de libido narcísica, para, em seguida, encontrar um novo objeto, torna-se uma tarefa excessiva para um ser em formação. Diante do vácuo, este se agarra ao que já possui: a mãe. Como aponta Freud, a pulsão não suporta o vazio de objeto.

O narcisismo dos pais

No texto sobre o narcisismo, Freud (1914b) tratou da relação entre pais e filhos, colocando-a como a expressão do narcisismo dos pais revividos nos filhos, de forma idealizada e compensatória.

> Se olharmos para a atitude de pais afetuosos com suas crianças, temos que reconhecer que ela é uma revivescência e reprodução de seu próprio narcisismo, abandonado por eles há muito tempo. [...] Então eles têm a compulsão de atribuir todas as perfeições à criança [...] e a ocultar e esquecer todas as suas falhas. Além disso, eles são inclinados a suspender em favor da criança a operação de todas as aquisições culturais que seu próprio narcisismo foi forçado a respeitar e de renovar em seu proveito o direito a privilégios aos quais eles próprios já renunciaram há muito tempo. A criança

> deverá ter mais sorte que seus pais; ela não estará sujeita a necessidades que eles reconheceram como inevitáveis na vida. Doença, morte, renúncia ao prazer, restrições à sua própria vontade não a alcançarão; as leis da natureza e da sociedade devem ser abolidas em seu favor; ela deverá ser o centro e o coração da criação – "Sua Majestade, o Bebê" -- como outrora nós nos imaginávamos. A criança deverá preencher aqueles sonhos dos pais que eles nunca realizaram – o menino deverá ser um grande homem e um herói no lugar de seu pai e a menina deverá casar com um príncipe como uma compensação tardia para sua mãe. [...] O amor parental, que é tão comovente e, no fundo, tão infantil, nada mais é do que o narcisismo dos pais renascido que, transformado em amor de objeto revela, sem erro, a sua natureza original. (p. 91)

Os filhos, ao preencherem uma importante função narcísica para os pais, estarão colocados em uma posição vulnerável frente a seus apelos, no sentido de complementar-lhes suas identidades, inevitavelmente falhas e machucadas. Em um aspecto mais amplo, os filhos são chamados mesmo a ocupar o espaço de representações dos pais sobre a própria imortalidade, diante das evidências do fim de suas vidas. Assim Freud (1914b) o expressa: "No ponto mais tocante do sistema narcísico, a imortalidade do ego, que é tão pressionada pela realidade, a segurança é alcançada refugiando-se no filho" (p. 91).

É inevitável, portanto, que, enquanto complemento do narcisismo dos pais, haja sempre uma oscilação, no filho, entre a lealdade a essas aspirações nele depositadas e a busca de realização de suas próprias aspirações. Não se pode esquecer que a autonomia em relação aos pais será sempre relativa, pois, ao se deixar os pais, carrega-se, internalizado, seu superego.

O *superego*

Neste trabalho, ao refletirmos sobre como os impulsos incestuais aprisionadores interferem na possibilidade da conquista progressiva de uma certa autonomia psíquica em relação aos pais, não poderemos deixar de considerar que a expressão "autonomia psíquica em relação aos pais" é bastante relativa. Sabemos que a criança, como herança da resolução do Édipo, carregará consigo seu próprio superego, que é formado a partir das proibições e diretrizes que antes provinham dos pais, e que agora, internalizadas, passarão a provir de seu próprio mundo interno.

Ao final de sua obra, Freud chega a afirmar que o superego, mais do que calcado sobre os ensinamentos e interdições dos pais, herdeiro portanto do complexo de Édipo, seria, na realidade, herdeiro do superego dos pais, que, por sua vez, também o herdaram de seus próprios pais, passando dessa forma para a geração seguinte todo um conjunto de normas e diretrizes ancestrais.

Freud (1932a) o elabora da seguinte forma:

> O superego da criança é, de fato, construído sob o modelo não de seus pais, mas do superego de seus pais; o conteúdo que o preenche é o mesmo e ele torna-se o veículo da tradição e de todos os julgamentos de valor resistentes à passagem do tempo que se propagaram dessa maneira de geração para geração. [...] O passado, a tradição da raça e do povo, vivem nas ideologias do superego, e cedem lugar muito lentamente para as influências do presente e as novas mudanças; e enquanto operaram por meio do superego, assumem uma parte poderosa na vida humana. (p. 67)

Nesse contexto, falar em "uma certa autonomia psíquica" é apenas uma forma de situar que há uma passagem a ser efetuada, na direção de uma "autonomia suficiente", para que escolhas exogâmicas possam ocorrer, sempre lembrando, como vimos anteriormente, que essa passagem do objeto endogâmico para o exogâmico implica uma substituição de objeto ou, segundo o pensamento freudiano, um deslocamento da libido do objeto incestuoso primordial para um objeto exogâmico posterior. Por tratar-se da substituição de um objeto por outro, esse processo implicará sempre, no nível inconsciente, um reencontro com o primeiro objeto, agora, finalmente, livre da interdição. Podemos, portanto, afirmar que a escolha exogâmica é, no fundo, incestuosa.

"Voltamos sempre a nosso primeiro amor", diz um ditado francês. Freud (1905) o confirma:

> No que se refere à escolha de objeto, descobrimos que sua direção lhe é dada pelas sugestões infantis (reavivadas na puberdade) da inclinação sexual da criança em relação a seus pais e outras pessoas encarregadas dela, mas que é desviada delas para outras pessoas que se parecem com elas, devido à barreira contra o incesto que foi, entrementes, erigida. (p. 235)

Cabe aqui uma observação sobre a indicação de Freud a respeito da transmissão intergeracional dos valores do superego. Como abordamos no capítulo anterior, o conteúdo que será transmitido intergeracionalmente poderá constar tanto de representações conscientes como de elementos inconscientes, passados, enquanto tal, para a geração seguinte. Parte importante desse conteúdo, consciente ou inconsciente, estará relacionado a um saber a respeito do ser mãe e do ser pai que é, então, transmitido para a descendência.

Desta forma, o que Freud chamou de ideologias do superego contêm, como heranças culturais, também valores, saberes e maneiras de agir que se referem à paternidade, à maternidade e ao modo de "criar" filhos. Essas ideologias "herdadas", entre outros conteúdos, indicam, muito especialmente, o lugar que a criança deverá ocupar no imaginário de seus pais: se alguém destinado a ser, incestualmente, complemento de um genitor, ou de ambos, ou alguém que deverá encontrar "o caminho de sua verdadeira identidade", seja lá isso o que for. Pode-se afirmar que, se a função de interdição da mãe à criança dependerá, obviamente, dos recursos psíquicos da mãe e do pai para exercê-la, suas formas também lhes terão sido transmitidas por herança geracional.

Como diz Gibran, na epígrafe deste trabalho: "Teus filhos não são teus filhos, são filhos e filhas da ânsia da vida por si mesma". Culturas diferentes lidam de modo diferente com esse valor específico, influenciando, em parte, os destinos dos processos de abertura para as escolhas exogâmicas em cada uma.

Concluindo este capítulo, vimos como, a partir das considerações de Freud sobre a forma como ocorre o desligamento dos desejos incestuosos da criança em relação a seus pais, por ocasião da puberdade, pode-se compreender as dificuldades de Antônio para renunciar à relação primitiva com sua mãe.

Abordamos, também, alguns elementos que julgamos necessários para a compreensão do que estamos chamando de abertura para a escolha de objetos exogâmicos. Entre eles, a possibilidade de fazer o luto pelas perdas dos objetos infantis, a ausência de fixações defensivas importantes nos primeiros objetos e uma plasticidade pulsional suficiente para ser possível a substituição de um objeto por outro.

Vimos, além disso, como o narcisismo dos pais pode interferir nessa conquista da "autonomia" dos filhos, e que ela, afinal, é relativa, pois o superego que a criança carregará consigo origina-se do superego de seus pais. Trata-se, portanto, de uma conquista da autonomia possível, aquela que será suficiente para que escolhas exogâmicas possam ocorrer.

Considerações finais

Partindo do vivido na clínica, fizemos um percurso teórico que elucidasse o sofrimento que era próprio e específico, em sua forma de se apresentar, a Antônio e sua família. O sintoma era a rebeldia do garoto; entretanto, verificava-se, no relacionamento entre ele e sua mãe, certo embaralhamento de corpos e de funções: havia *algo* que ali transpirava e que afetava a analista, impondo-lhe a vivência daquela "inquietante estranheza", a *Unheimlich* freudiana (1919), o sentimento de que aquilo que a afetava era, ao mesmo tempo, familiar e inquietante. Foi assim que surgiu a palavra "incestualidade", dando ensejo a este trabalho de reflexão.

A incestualidade, neste trabalho, foi tratada como uma dimensão primitiva e regressiva da sexualidade, como um fenômeno inerente à natureza humana. A pulsionalidade inerente ao humano pressionará o psiquismo na busca do objeto que lhe traga satisfação. No caso da criança, o mais próximo e eficaz, por vários motivos, é a mãe. Como apontou Freud (1930), Eros e Ananke (Amor e Necessidade) unem-se na constituição do vínculo mais forte e primitivo de todos: "[...] o poder do amor [...] que faz a mulher não querer ser privada da parte de si mesma que foi separada dela: sua criança". Nesse mesmo trecho, Freud também aponta o fato de que o poder do amor "faz o homem não querer ser privado de seu objeto sexual: a mulher" (p. 101).

Entre uma sexualidade que é permitida (a do casal) e outra instituída pela sedução materna e posteriormente interditada pela função paterna (a sexualidade da criança), constitui-se a família. "O amor que funda a família [...]", diz Freud (1930, p. 102). A entidade família, assim formada, é inerentemente conflitiva, psicopatológica. Espera-se dela que organize em seu interior uma vasta profusão de impulsos, todos pressionando ao mesmo tempo para encontrar seu modo de se satisfazer.

Tarefa inviável, não fosse pelo fato de que os impulsos chamados incestuosos deverão ser, depois de bem estabelecidos, canalizados para fora da família. Essa movimentação pulsional amorosa da família é tão complexa que, muitas vezes, quando os impulsos dos filhos chegam finalmente a encontrar seu objeto fora dela, os impulsos originais dos pais, de um pelo outro, já se desgastaram.

De toda forma, boa parte do que se entende por "criar filho" refere-se ao trajeto que se inicia no processo de sedução incestual inicial do bebê, continua com a implementação da interdição desses mesmos impulsos e, por fim, ao longo manejo das complexas consequências da interdição até se chegar à exogamia. É sobre esse tema que se propõe esta reflexão.

O exemplo clínico relatado e a pesquisa bibliográfica sobre o tema da incestualidade levaram à consideração deste fenômeno como próprio à condição de pulsionalidade do humano. A incestualidade, portanto, permeia a família e, em seus aspectos vitais e necessários, é responsável pela constituição psíquica das novas gerações. Mas pode também ser aprisionadora e converter-se em fator de obstáculo ao seu desenvolvimento, em empobrecimento e desorientação.

Considerada em seus modos de operar, portanto, ela pode apresentar-se como vitalmente necessária ou aprisionadora e danosa. Neste sentido, a proposta deste trabalho é de que deveríamos, sim, conservar a diferenciação entre a incestualidade necessária e a incestualidade aprisionadora.

Esta forma de se expressar facilita a compreensão da incestualidade enquanto dimensão primitiva e regressiva da sexualidade e, portanto, inerente à família. E dependerão do modo como ela circulará em determinada família e de como se efetuará a interdição necessária à progressão de suas expressões os efeitos danosos que poderão surgir.

Esse posicionamento facilita, também, a consciência de que é ao "amor que funda a família" que estamos nos referindo, e de que se trata, afinal, das evoluções de Eros no ambiente familiar; estamos sujeitos, portanto, às suas "travessuras", sendo impossível enquadrá-las em uma visão normativa. Elas sempre saberão como escapar.

Sobre a noção de abertura para as escolhas de objeto exogâmicas poder constituir-se um critério diferencial entre os dois modos de operar da incestualidade, consideramos que assim pode ser, desde que tal critério seja cuidadosamente avaliado em cada caso específico; não cabe aqui o estabelecimento de normas ou quantificações, mas, sim, a observação, a escuta e o compartilhamento do *páthos* ali envolvido.

Freud (1916-1917) comenta que se deveria dar mais relevância ao encaminhamento da passagem adolescente, dada sua importância na direção da saúde mental (p. 337). Essa passagem, de fato, é preparada desde o nascimento da criança (e até antes dele); neste sentido, a pesquisa sobre a incestualidade e seus avatares é de grande utilidade, tanto para a clínica de família como para a educação.

A compreensão sobre os modos de funcionamento da interdição da mãe é fundamental na clínica de família, não somente no que se refere às dificuldades para implementá-la nas famílias ditas "completas", isto é, com ambos os pais presentes (como no caso relatado), mas também, e especialmente, na clínica das famílias com pais separados, ou das famílias reconstituídas, ou das monoparentais.

Construir suplências e próteses para as funções faltantes, assim como promover a simbolização das faltas junto à criança, não é uma tarefa simples na clínica de família, e somente o conhecimento derivado de uma pesquisa continuada sobre esse tema pode auxiliar seu aprimoramento.

Outro aspecto que deve ser mencionado é o fato de que, por vezes, sintomas diversos da criança acabam por escamotear o pano de fundo de uma patologia incestual. Dessa forma, certos sintomas levam a diagnósticos, às vezes à medicação, antes de se poder avaliar como se dá a circulação do que estamos chamando de incestualidade na família e seus modos de interdição.

Como foi mencionado anteriormente, este trabalho dirigiu-se para a reflexão sobre os aspectos mais "comuns" da incestualidade, sobre o *páthos* do dia a dia, a que Freud chamou de psicopatologia da vida cotidiana. Em suas vertentes mais severas, a incestualidade aprisionadora inclina-se para a patologia das psicoses.

No entanto, sempre é bom frisar que esse fenômeno, enquanto aprisionador do desenvolvimento psíquico, é sempre origem de intensos sofrimentos. Vale lembrar como Nino, torturado pela divisão entre o amor à mãe e o amor ao pai e sem encontrar uma solução para seu dilema, acabou por desenvolver uma grave doença autoimune. E, mesmo antes dela deflagrar-se, podemos observar nele um aprisionamento psíquico, consumido como ele era por seu drama incestual e pela impossibilidade de construir direções próprias para seu destino. A patologia incestual não deve ser subestimada.

No que se refere à utilidade desta investigação para a área da Educação, partimos do pressuposto de que geralmente é a escola que primeiro detecta sinais de sofrimento na criança, manifestados por meio de alterações em seu desenvolvimento. A escola tem contato com a família e pode observar essas alterações com uma certa amplitude de visão. Desta forma, a área da incestualidade, enquanto *páthos* familiar, pode contribuir para uma melhor compreensão de determinadas situações de sofrimento infantil que se apresentam na escola.

Como também mencionamos na introdução, há uma outra área que atua sobre essas questões, que é a do direito de família.

Recentemente, em nosso meio, um juiz declarou uma mãe impedida de manter a guarda do filho, devendo entregá-la para o pai, provisoriamente, sob a acusação de manter uma relação incestuosa com a criança; o caso foi concluído como tendo havido abuso sexual por parte da mãe, sob as alegações de que dormiam na mesma cama, de que a mãe andava despida em sua presença e de que impedia seu crescimento, dando-lhe, às vezes, de comer na boca, dentre outras acusações.

Obviamente não se têm respostas prontas para situações tão delicadas como essas; de toda forma, elas devem ser pensadas caso a caso, e muita pesquisa deverá ser feita no sentido de oferecer subsídios teóricos que possam embasar essas decisões. Este trabalho procura caminhar nessa direção, embora, enfatizando, ainda há muito o que se pesquisar nessa área.

Sob esse prisma, observamos um benéfico e inesperado efeito colateral desta reflexão sobre a família: devido ao fio condutor escolhido ter sido o termo "incestualidade e interdição", e não "o Édipo e a castração", a aceitabilidade de seu conteúdo por não psicanalistas ficou facilitado.

Referências Bibliográficas

ABRAHAM, N.; TOROK, M., 1995. *A casca e o núcleo*. São Paulo: Escuta.

BERLINCK, M. T.. Catástrofe e representação. In: *Psicopatologia Fundamental*. São Paulo: Escuta, 2000.

BERLINCK, M. T., 2009. O método clínico: fundamento da psicopatologia. *Revista Latinoamericana de Psicopatologia Fundamental*, São Paulo, v. 12, n.3, p. 441-444, 2009.

BERLINCK, M. T.. A noção de subjetividade na Psicopatologia Fundamental. *Revista Latinoamericana de Psicopatologia Fundamental*, São Paulo, v. 13, n. 4, p. 551-557, 2010.

BLEGER, J.. *Simbiose e ambiguidade*. São Paulo: Editora Francisco Alves, 1997.

BLEICHMAR, H. B.. *Introducción al estudio de las perversiones*. In: La teoría del Édipo en Freud y Lacan. Buenos Aires: Nueva Vision, 1980.

CROMBERG, R. U.. *Cena incestuosa*. São Paulo: Casa do Psicólogo, 2001.

D´AGORD, M. Uma construção de caso na aprendizagem. *Pulsional Revista de Psicanálise*, São Paulo, ano XIII, n. 140/141, p. 12-21, 2001.

FÉDIDA, P. Amor e morte na transferência. In *Clínica Psicanalítica: Estudos*. São Paulo: Escuta, 1988.

FÉDIDA, P. *Nome, figura e memória*. São Paulo: Escuta, 1991.

FÉDIDA, P.. De uma psicopatologia geral a uma psicopatologia fundamental. Nota sobre a noção de paradigma. *Revista Latinoamericana de Psicopatologia Fundamental*, São Paulo, v. 1, n. 3, p. 107-121, 1998.

FERREIRA, A. B. H.. *Novo Dicionário da Língua Portuguesa*. Rio de Janeiro: Nova Fronteira, 1975.

FREUD, S.. Three essays on the theory of sexuality. In *The Standard Edition of the Complete Psychological Works of Sigmund Freud* (vol. VII). London: The Hogarth Press, 1955 (1905).

FREUD, S.. Analysis of a phobia in a five-year-old boy. In *The Standard Edition of the Complete Psychological Works of Sigmund Freud* (vol. X). London: The Hogarth Press, 1955 (1905).

FREUD, S.. Totem and Taboo. In *The Standard Edition of the Complete Psychological Works of Sigmund Freud* (vol. XIII). London: The Hogarth Press, 1955 (1913-14).

FREUD, S.. *Neuroses de transferência*: uma síntese. Rio de Janeiro: Imago, 1987 (1914ª).

FREUD, S.. On Narcisism: An Introduction. In *The Standard Edition of the Complete Psychological Works of Sigmund Freud* (vol. XIV). London: The Hogarth Press, 1955 (1914b).

FREUD, S.. Pulsões e destinos da pulsão. In *Escritos sobre a Psicologia do inconsciente* (Hanns, L. A., trad., vol. I, pp. 1911-1915). Rio de Janeiro: Imago, 2004, 2004 (1915).

FREUD, S.. Mourning and melancholia. In *The Standard Edition of the Complete Psychological Works of Sigmund Freud* (vol. XIV). London: The Hogarth Press, 1955 (1915-1917).

FREUD, S.. Introductory lectures on psycho-analysis. In: *The Standard Edition of the Complete Psychological Works of Sigmund Freud* (vol. XVI). London: The Hogarth Press, 1955 (1916-1917).

FREUD, S.. The uncanny. In *The Standard Edition of the Complete Psychological Works of Sigmund Freud* (vol. XVII). London: The Hogarth Press, 1955 (1919).

FREUD, S.. Beyond the pleasure principle. In *The Standard Edition of the Complete Psychological Works of Sigmund Freud* (vol. XVIII). London: The Hogarth Press, 1955 (1920).

FREUD, S.. Group psychology and the analysis of the ego. In *The Standard Edition of the Complete Psychological Works of Sigmund Freud* (vol. XVIII). London: The Hogarth Press, 1955 (1921).

FREUD, S.. The ego and the id. In *The Standard Edition of the Complete Psychological Works of Sigmund Freud* (vol. XIX). London: The Hogarth Press, 1955 (1923).

FREUD, S.. Dissolution of the Oedipus complex. In *The Standard Edition of the Complete Psychological Works of Sigmund Freud* (vol. XIX). London: The Hogarth Press, 1955 (1924).

FREUD, S.. Civilization and its discontents. In *The Standard Edition of the Complete Psychological Works of Sigmund Freud* (vol. XXI). London: The Hogarth Press, 1955 (1930).

FREUD, S.. Dissection of the personality. In *The Standard Edition of the Complete Psychological Works of Sigmund Freud*. New Introductory Lectures on Psycho-Analysis. Lecture XXXI (vol. XXII). London, The Hogarth Press, 1964 (1932a).

FREUD, S.. Femininity. In *The Standard Edition of the Complete Psychological Works of Sigmund Freud*. New Introductory Lectures on Psycho-Analysis. Lecture XXXIII (vol. XXII). London, The Hogarth Press, 1964 (1932b).

FREUD, S., & Pfister, O.. *Cartas*. Um diálogo entre a psicanálise e a fé cristã. Viçosa: Ultimato, 1998 (1909-1939).

GIBRAN, k.. *O profeta*. Rio de Janeiro: ACIG, 1978.

INGLEZ-MAZZARELLA, T.. *Fazer-se herdeiro*: a transmissão psíquica entre gerações. São Paulo: Escuta, 2006.

LACAN, J.. *A família*. Buenos Aires: Homo Sapiens, 1977 (1938).

LACAN, J.. *O seminário. Livro 4. A relação de objeto*. Rio de Janeiro: Jorge Zahar, 1955 (1956-1957).

LACAN, J.. *O seminário. Livro 5. As formações do inconsciente*. Rio de Janeiro: Jorge Zahar, 1999 (1957-1958).

LACAN, J.. A significação do falo. In *Escritos*. Rio de Janeiro: Jorge Zahar, 1998 (1958).

LACAN, J.. *O seminário. Livro 10. A angústia*. Rio de Janeiro: Jorge Zahar, 1992 (1962-1963).

LACAN, J.. *O seminário. Livro 17. O avesso da psicanálise*. Rio de Janeiro: Jorge Zahar, 1992 (1969-1970).

LACAN, J.. Deux notes sur l´enfant. In *Autres écrits*. Paris: Seuil, 2001.

LAPLANCHE, J.. *Teoria da sedução generalizada*. Porto Alegre: Artes Médicas, 1988.

LECLAIRE, S.. *O corpo erógeno*. São Paulo: Escuta, 1992 (1979).

NAOURI, A.. Un inceste sans passage à l'acte: la relation mère-enfant. In F. Heritier, *De L´inceste*. Paris: Odile Jacob, 2000.

RACAMIER, P. C.. *L'inceste et l'incestuel*. Paris: Dunod, 2010 (1995).

Roudinesco, E.,& Derrida, J.. *De que amanhã...* Rio de Janeiro: Jorge Zahar, 2004 (2001).

SOLER, C.. *A psicanálise na civilização*. Rio de Janeiro: Contra Capa, 1998.

Impresso por :

gráfica e editora
Tel.:11 2769-9056